딸에게 보내는 산티아고 순례길 편지

양은주 지음

딸에게 보내는

산티아고 순례길 편지

어떤 가치관의 욕심이 나를 그렇게 용기 있게 만들었는지 모르겠지만, 막상 부딪혀보니 길은 있었다.

프롤로그

어릴 적부터 나의 가슴속엔 항상 자유롭게 떠나고 싶은 열정이 있었던 것 같다.

그래서 내 나이 마흔에 나에게 선물을 주기로 하고 육아휴직을 냈다. 그렇게 아이 셋과 함께 제주도 작은 마을에서 1년을 보내며, 제주도 올레길을 투정 부리는 아이들을 끌고 모두 걸었다. 그러다 보니 1년이라는 시간은 화살처럼 지나갔고, 다시 1년의 육아휴직을 연장했다.

이렇게 2년째에는 남편까지 같이 휴직하게 되었다.

누군가는 "무슨 돈으로 그렇게 쉬느냐?", "어떻게 하려고 그러냐?"라며 우려의 말도 많이 들었지만, 그 당시 우리는 빚도 많았고, 모아둔 돈도 별로 없었다.

어떤 가치관의 욕심이 나를 그렇게 용기 있게 만들었는지 모르겠지만, 막상 부딪혀보니 길은 있었다.

제주도 살이 2년째 나의 생일날 나는 무작정 걷고 싶었다. 지칠 때까지 나의 한계를 느끼며 걸어보고 싶었다.

그렇게 프랑스 파리행 비행기 티켓을 끊고, 내 생일날 제주도를 떠났다.

목차

1. 딸아 엄마는 오늘 두 번 태어난다.

딸! 엄마야
오늘은 엄마의 생일이란다.
엄마는 오늘 엄마에게
큰 선물을 주기로 했단다.
선물은
'산티아고 순례길'
멋지지 않니?
그런데 더 재밌는 사실이 있어
엄마는 오늘 생일이 두 번이란다.
7시간의 시차 덕분에 엄마는 한국에서, 파리에서 두 번 태어난
다.
너의 엄마로, 새로운 나로 다시 태어나는 거야.

그리고 축복의 비가 내리네..
이사 다닐 때마다 비가 와서 잘 살았는데
엄마는 이 비가 '축복'이라 믿는다.

딸아.
엄마가 이렇게 순례길을 갈 수 있는 건

너희 아빠의 응원과 격려 덕분이야.
너도 누군가를 만나 사랑한다면
너를 존중해주고 응원해주는 사람을
만나길 소망한다.

딸아 엄마가 너에게 편지를 쓰기로 한 이유는 네가 지구상에서
생물학적으로 엄마와 비슷한 삶을 만들어 갈 거라고 생각하기에,
여기 순례길에서 보고, 듣고, 느낀 것을 너와 함께 이야기하고 싶
어서야.

엄마가 '산티아고 순례길'을 걷고 싶다고 생각한 건 아마 수년전
TV에서 '산티아고 순례길'을 본 것 같아.
자유로운 영혼들이 뚜벅이처럼 걷는 그 모습에 가슴이 뛰고 막연
한 '간절함'이 생겼던 것 같아.
그러다가 2017년 어느 백화점에서 '산티아고 순례길' 문화강좌
를 한다고 해 나의 간절함에 한발짝 딛는 심정으로 강의를 들었
지. 그 당시 들을 때만 해도 엄마가 '산티아고 순례길'을 걷는
다는 건 상상속의 일이었지.
41세가 되는 오늘 엄마가 소망하던 일이 이루어질 줄 정말 몰랐
단다.

휴직을 내고 제주도에 살면서 올레길을 걸었던 것이 지금 이 순

간에 이르렀구나.
돌이켜보니 과거의 순간순간이 지금을 위한 과정이었더구나.

딸아. 지금 매 순간 작은 삶의 흔적들이 결국 미래의 네게로 가는
길의 흔적이란다.
살아가면서 하루하루 현재를 헛되이 여기지 마라.
현재의 네가 미래의 너란다.

엄마가 읽은 어떤 책에 '신이 우주에서 일어나는 모든 일에는 우
연이 없다'라고...
그리고 드라마 대사였나?
'신은 용기 있는 자를 절대 버리시지 않는다'
분명 사람의 인생은 알 수 없지만
간절한 꿈을 꾸면 이루지 못 할 일은 없단다.

그나저나 엄마는 왜 이 길을 걷는 걸까?
답을 알 수 없는 짧은 듯 긴 여정의 길에
한발 디뎌본다.

2. 시작을 위한 길

딸아. 엄마야~~
오늘부터 엄마는 순례의 시작을 위해
프랑스 몽빠르나쓰(Montparnasse) 역에서 떼제베(TGV)를 타
고 바욘(Bayonne)으로 가서 다시 두 칸짜리 기차를 타고 생장
(Saint-Jean)으로 간단다.
그래서 오늘 아침에 프랑스 파리를 떠난다.

엄마가 '신은 용기 있는 자를 버리지 않는다'라고 처음에 말했었지?
신은 정말 엄마를 너무 사랑하시나 봐

왠지 아니? 한국에서 파리로 갈 때 바욘(Bayonne)으로 갈 때
축복의 비를 내려주셨는데, 걸어서 이동하는 동안엔 비를 거두어
주시더구나.
그리고 엄마가 파리에 있는 상점 데카트론에서 물건을 17가지를
사서 가방에 담는데, 검은색 티셔츠 뭉치가 있길래 엄마 건가 하
고 아무 생각 없이 넣어왔는데(계산은 된 듯) 와서 보니 엄마가
고른 물건이 아니었어.
그 검은색 긴 팔 티셔츠가 아니었으면 엄마는 파리에서 밤에 유
람선을 탔을 때 분명, 감기에 걸렸을거야..

또 다른 일은 파리에서 바욘(Bayonne)으로 가기 위해 이른 기차를 타야 하는데, 아침에 숙소에서 나오니 매일 가던 길인데도 길치인 엄마는 또 헷갈리더구나.

다행히 친절한 파리 부인을 만나 빨리 지하철역을 찾았지.

지하철역으로 급히 내려가는데 머리가 흰 노인이 '봉쥬르 마담' 하더구나.

나의 순례길 시작을 응원해주기 위해 보내신 천사 같았지.

그리고, 바욘(Bayonne)으로 가기 위해 엄마는 몽빠르나쓰(Montparnasse)역으로 가는 지하철을 탔어.

낯선 곳에서 지하철을 타고 눈을 크게 뜨고 긴장한 채 가고 있는데, 두 코스쯤 지나니 배낭을 멘 외국 분이 타더구나.

직감적으로 산티아고로 가는 순례자란 걸 알고 계속 따라갔어.

그 사람도 나의 배낭을 보고 산티아고 순례길로 간다는 걸 알았는지 엄마가 잘 따라오는지 가끔 뒤돌아 살피는 것 같았어.

그 덕에 늦지 않고 바욘(Bayonne)으로 가는 기차를 탈 수 있었지..

그 외에도 많은 분들의 도움으로 엄마가 지금 여기에 있는걸 보면 신이 곳곳에 천사를 숨겨둔 게 아닐까?

엄마는 제주도란 섬이 참 낮고 평평하다고 생각했는데 바욘(Bayonne)으로 가는 기차 밖 풍경은 자를 일자로 그어 놓은 듯 수평선 너머까지 광활한 대지가 펼쳐지더구나.

엄마 마음도 수평선 넘어 넓어지는 것 같았어.

이렇게 수평선 너머 자연을 볼 수 있는 사람들이 신경질적이거나 예민할 수 있을까?

그리고 유명한 제주도 유채꽃밭과는 비교도 안 되게 넓고 아름다운 유채꽃밭이 차창 너머 한참 펼쳐지더구나. 여긴 이런 꽃밭이 있는데도 사진 찍는 사람들이 없네.

이곳 사람들은 이 자연이 특별하지 않을 만큼 아름다운 자연 속에 살겠지?

신은 지구보다 더 아름다운 행성을 만들었을까?

있다면 그곳 사람들은 정말 이쁜 마음을 가졌을 것 같아.

바욘(Bayonne)에 도착해서 약국에 들렀어. 엄마가 원하던 제품 사진을 보여주니 없다더구나.

그 뒤로는 서로 대화가 힘들었지

서로 못 알아들으니 그 약국에 일하시는 외국인 아줌마는 '시방' 어쩌구 하는데 직감적으로 욕을 하는 것 같았지..

엄마도 한국말로 욕을 섞어 해 줄 걸 그랬네. 하하 그리고 서비스로 튜브형 크림을 주며 입술에 바르는 시늉을 하길래

엄마는 입술에 바르는 연고겠거니 하고 식사를 하러 근처 식당에 들어가 입술에 발라봤지. 입술이 허옇게 되면서 치약 냄새가 나더라. 그래서 옆 테이블 흑인 꼬마에게 그 크림을 보여주며 손으로 양치하는 흉내를 내며 치카치카 하는 거냐니까 고개를 끄덕인다.

이런,,꼬맹이도 아는 것을,,,약국 아줌마의 장난이었나?

바욘(Bayonne)에서 생장(Saint-Jean)으로 간다.

창밖 풍경은 자연 그대로 여유롭다.

이런 자연에 비해 보잘것없는 인간이 어떻게 살 것인가를 생각했어.

이 지구는 사랑하는 가족들이 살아가야 할 세상이니까

그렇게 이런저런 생각을 하다 보니 드디어 생장(Saint-Jean)에 도착했구나. 이곳에서 수많은 순례자가 배낭을 메고 어딘가로 걸어가길래 그 길을 따라갔어. 그 길은 순례자 여권을 만들러 사무실로 가는 길이었어

사무실 앞에서 줄을 서서 기다리는데 제일 끝 선하고 친절해 보이는 노신사 안내자에게 당첨되어 안내받았지.

그분은 엄마가 묵시아(Muxia), 피스테라(Fisterra)까지 간다니까 매우 좋아하시면서 '베리 굿 아이디어'라며 엄마를 응원해주더구나. 그리고 그분은 누차 '서두르지 마라'고 엄마에게 당부했어.

엄마는 그 말을 가슴에 새기며 순례길을 시작했고, 나중에 알았지만 그 말이 순례자에게 가장 중요한 말이었어.

너도 인생의 긴 여정에서 "서두르지 마라" 엄마가 걸으면서 느낀 건데 천천히 가는 게 느린 게 아니란다.

너의 방향을 잃지 않고 너 자신을 배려한다면 가장 빠르단다.

지금은 느린 것 같아도 멀리 길게 볼 줄 아는 통찰력이 있어야 한단다.

순례길에 대한 설명을 듣고 순례자 여권을 만드는 사무실

엄마가 알기로는 여기 사무실에서 숙소 배정을 해주는 것으로 알
았는데 숙소 배정은 해주지 않고 알베르게(Albergue) 번호가 적
힌 종이를 주는구나.

엄마는 다른 사람 도움 없이 그 골목에 있는 알베르게 이곳저곳
을 찾아다녔단다. 예약이 다 된 곳이 많더구나.

그래도 한 알베르게 사장님이 다른 알베르게를 소개해 주셨지

내가 묵게 된 그곳 알베르게 사장님은 나에게 "마법같이 사랑에
빠질 수 있다. 조심해라. 갈 길만 가라. 사랑은 가슴으로만 하라"
고 강조하더구나.

여자 혼자라서 많이 염려되셨나보다. 감사하지. 내일부터 순례
길 걷기의 시작이다. 오늘 생장(Saint-Jean)에 도착해 있는 엄마
가 너무 자랑스럽고 신의 도움 없이 여기 있을 수 있었을까 하는
생각이 드는구나.
내일은 또 어떤 세상이 펼쳐질까?

3. 혼자라는 기둥

1일차. 4. 27. 토요일

엄마는 순례길에서 제일 힘들다는 생장(Saint-Jean)에서 론세
스바예스(Roncesvalles)(Ronc esvalles)까지 피레네산맥을 넘
는단다.

(이때는 피레네 산맥이 쉬이 넘도록 허락해주지 않는 산이란 걸
전혀 모르고, 하늘이 도와 꽤 쉽게 넘었지.

나중에 순례길에서 순례자들과 이야기를 하다 보니 엄마가 피레
네 산맥을 넘은 이 날 전후로 눈에 갇힌 사람, 급히 구조된 사람
들이 많았어)

걷는데 비가 오고 춥구나. 신은 매번 시작할 때쯤 비를 주시는구
나.

ROUTE
NAPOLEON

Alt 183 m
UTM E 643173 / N 4779401

HONTO - *Huntto* 🚶1h45   4,6 km

REFUGE D'ORISSON 🚶2h00   7 km

GR65 Voie du Puy

COL DE BENTARTE 🚶4h30   15,8 km

RONCEVEAUX - *Orreaga* 🚶6h35   24,3 km

GR
15

목가적 풍경에 방울을 단 말들이 딸랑이며 풀을 뜯고 포실포실한 양들이 어우러져 아름답구나.

산을 오르고 오르니 더 추워져서 출발할 때 벗었던 옷을 한겹 한겹 겹쳐 입고 우의까지 입었어.
쉬지 않고 걸었지.. 가끔은 그렇게 쉬고 싶어도 쉬지 못할 때가 있지.

엄마는 혼자였다.
둘이라는 건 힘 하나를 둘로 나누는 것 같아.
기둥이라 보면 하나의 기둥을 둘이서 반반 받치고 있는 거지.
한 명이 없으면 반만 남은 기둥은 쉽게 무너지겠지.
하지만 혼자서 기둥이 된다면 그 혼자의 기둥은 더욱 견고해야 버틸 수 있겠지. 엄마는 그렇게 혼자서 굳건한 기둥이 되고 싶어. 너희들이 아무리 기대도 무너지지 않는. 그래서 혼자 걷는 이 길을
기둥 바닥부터 하나하나 쌓아간다 생각할래.

생장에서부터 피레네 산맥을 넘으며 '몸의 길'이 시작된다

이 길은 추운 것만 아니면 한국에서 등산을 좋아했던 나에게 그
리 힘든 길은 아니었어.
더 힘든 걸 겪어본 사람은 사소한 힘듦은 쉽게 넘길 수 있지. 너
도 힘들 때 피하지 말고 잘 견뎌봐.

그럼 긴 삶의 시간 동안 겪을 수많은 상처를 생채기 난 듯 가볍
게 지날 수 있을 거야.

론세스바예스(Roncesvalles) 숙소에 도착하니 줄을 서야 하네 비를 맞고 산맥을 넘어 걸어왔는데 줄서서 기다리는 시간이 너무 길었어.

그곳에서 그냥 도와주시는 분들은 많은데 사무실 안에는 한 명만 일을 하는 거야..

내 앞에 몇 사람 없는데 한 시간은 걸린 것 같았어.

내 뒤에 그 긴 줄 그 사람들의 인내심에 경의를 표한다.

(이날도 훗날 순례자들을 만나니 오늘 이곳에 자리가 부족해 택시를 타고 다른 마을로 간 사람도 있고 끝까지 기다려 자리를 얻은 사람도 있더구나.. 그렇게 미래에 만날 인연들이 이곳에 함께 있었던 거야.. 이땐 몰랐지)

저녁을 먹고 숙소 도서관에 한국 책이 있다 해서 한 권 빌렸는데 그 책 속 사진만 보고 잠들었네..

그래도 부르튼 입술은 가라앉고 있어.

첫날인데 엄마 잘 걸은 거 맞지?

론세스바예스 공립 알베르게 사진 (시설이 매우 좋은 편에 속한다)

4. 신과 함께

딸아 엄마야~~
순례길 2일 차의 시작이구나.

오늘도 쌀쌀한 날씨라 바람막이에 경량 패딩까지 입고 순례길
을 나선다.
잠시 가니 앞에 순례자가 안보이네. 불안해서 잠시 쉬어 뒤에 온
순례자에게 물어보니 맞는 길이래.
근데 딸아. 이정표가 있는 곳에선 잠시 길을 잃어도 된단다.
또 다른 길이 너의 삶을 더욱 행복하게 해줄지도 몰라.
하지만 생명과 연관된 곳에서는 정신을 집중해서 길을 잃지 마
라.
혹시 어긋난 길인 것 같으면 빨리 물어보고 올바른 길을 찾는 게
최선이겠지..

여기 순례길에 재미난 이야기를 해줄까

엄마는 영어를 단어만 말하는 수준이지만

여기 프랑스, 스페인, 알마니아등..영어권이 아닌 지역 분들은 엄마보다 더 못하는 거야

그래서 오히려 엄마가 알베르게 등 여러 곳에서 말을 더 잘 알아듣는 것 같아.

프랑스 아줌마가 간단한 영어 단어를 몰라서..아..엄마가 발음이 안 좋아서 엄마 말만 못 알아들었나?

어쨌든 다 통하더라. 너도 외국어를 잘하면 좋겠지만 언어는 아무 문제가 안 된단다. 네가 가고 싶은 곳 어디든 언어로 좌절하진 마.여기 영어 하나도 모르지만 다들 여행 잘 다니시더라. 마냥 그들이 멋져 보인다.

엄마가 2017년도 산티아고 순례길 강의를 들었을 때

강사님이 순례길을 가기 위해 제일 필요한 것이 무엇일까요 하는 질문을 하셨어.

무엇일 것 같니? 정답은 "간절함"이야.

그 간절함에 용기가 더해져 이 길을 걷고 있는 것이고, 너도 간절함과 용기만 있다면 네가 가고 싶은 곳 어디든 갈 수 있어.

오늘 걷는 길은 한 폭의 그림 속을 걷는 것 같은 길도 있고 제주도 올레길과 비슷한 곳도 있었지.

엄마는 이런 숲길, 흙길이 너무 좋네. 그래서 제주도에 2년째 있
는 거겠지.
이런 선명한 물감 색을 마주하고 있는 하늘은 지기 싫어서라도
더 투명한 푸른색을 나타낼 수밖에 없겠더구나

엄마는 그런 생각이 났어. 외국인이 한국에서 제일 유명한 게 뭐
냐 물어보면 '제주아일랜드'라고 해야지 하고 말이야.
아마 제주도에 살지 않았다면 뭐라고 대답해야 하지?
쉽게 말이 안 나왔을 것 같아. 삼성, 엘지 라고 말해야 하나.

걷는 길에 한국인 할아버지를 만났는데 혼자 오신 그분은 엄마보다 걸음이 더 빠르고 더 발길 닿는 대로 가시더구나.

지금 나이의 엄마도 많은 용기와 두려움이 생기는데 그분 나이가 되었을 때 저렇게 멋있게 살 수 있을까?

다시 한번 삶은 어떻게 사느냐가 중요한 것 같아.

드디어 론세스바예스(Roncesvalles)에서 수비리(Zubir) 마을에 도착했네.

시간은 오후 1시쯤 늦은 시간이 아닌데 엄마가 가려던 알베르게는 이미 다 찼다고 해서 다음다음 알베르게를 갔는데도 다 예약이 되었다는구나.

한참 걸어 멀리 있는 알베르게를 가도 마찬가지.

한국 단체 관광객의 영향도 있지만 이번이 무슨 연휴가 겹쳐 외국인들이 많데.

하늘과 이곳은 무심한 듯 너무 아름다운데 엄마의 얼굴과 마음엔 서서히 먹구름이 드리운다.

엄마는 혼자잖아. 지체할 수가 없었어. 다 포기하고 4킬로 정도를 더 걸어 다음 마을로 가기로 결정했지.

그런데 신은 역시 엄마를 버리지 않으셨어.

엄마가 줄 섰다가 방이 없다고 해서 돌아섰던 알베르게 앞에 순례길을 걸으며 인사했던 한국 아가씨가 있더구나.

여기 방 없다고 알려주고 가려는데 그 앞에 한국인 순례자 청년

두 명이 더 있네.

엄마는 그 아가씨와 청년에게 마을 입구 첫 번째 알베르게에 비싸지만 더블베드가 있다고 했으니 다시 가보자 하고 갔는데 그마저도 다 나갔더구나.

여기서 한국 아줌마 스타일이 나오더구나. 주인에게 다른 알베르게를 연결해달라. 호텔도 괜찮다고 말하니 주인은 그럼 방 하나에 침대 세 개 70유로 어떠냐고.. 이 상황에 4명이 70유로를 나누어 내면 금액도 괜찮았지.

사막에서 오아시스를 찾은 기분이었어. 거기다 숙소에서 차로 데리러 와주시니 감사할 따름이지.

욕조에 큰 화장실도 있고 침대도 크고 좋았어.

더 좋았던 건 함께 해준 고마운 방 친구들이지.

순례길 처음 피자도 먹고 생맥주도 먹었단다.

하지만 그렇게 우리가 먹고 마시는 사이 아직 배낭을 메고 숙소를 찾고 있는 순례자를 보면 남 일 같지 않아 안타까웠어.

이들에게도 신의 손길이 함께하길.. (다음날 만난 한국인 순례자들은 잘 수 있는 숙소가 없어 마을 창고에서 추위에 떨며 잤데, 유독 수비리(Zubir) 이 마을이 이랬던 것 같아)

오늘 이렇게 고생을 하고 나니 숙소가 걱정되어 내일 예정지였던 팜플로나(Pamplona)에 미리 알아보니 오늘 이런 숙소 부족 상태 때문인지 거의 예약이 차서 다음 마을 알베르게에 일행 중 영어를 잘하는 청년이 예약을 했단다.. 하하.

그러나, 이후 만났던 순례자들이 팜플로나(Pamplona)의 아름다움에 대해 극찬을 하는데, 그 아름다운 마을에 숙박하지 못한 건 지금도 가장 후회가 된단다.

밖은 아직 환한 저녁 7시가 지난 시간이지만 우린 다 일찍 잔다.

인연이란 참 신기해 그렇지?

다시 만난 인연이 좋은 인연이 되도록 평소 느낌 좋은 사람이 되어 볼까?

5. 관계

딸아 엄마야~~

오늘은 3일 차 되는 날, 출발은 좋았다. 해가 완전히 뜨지 않은 새
벽. 활기차게 출발한다.

출발해서 조금 지나자 서서히 우리 일행은 멀어지고 각자 자기
스스로에 맞춰 걷는다.

이곳의 풍경은 제주와 닮았어.
그래서 더 좋은지도..

그런데 오늘 엄마의 원래 목적지는 팜플로나(Pamplona)였는
데 일행이 5km더 간 시수르 메노르(Cizur Menor)에 예약해놔
서 더 걸어야 했단다.

걷는 중에 가장 힘든 날이었다. 무엇보다 다른 사람과 걷다 보니
엄마가 쉬고 싶어도 쉴 수 없었지.

그러니까 상대방이 원망스럽더구나.

그렇게 걷는 길이 너무 힘들게 느껴졌어. 목적지에 도착 직전의
남은 짧은 거리가 가장 길게 느껴졌단다.

거의 지칠 대로 지쳐 도착한 알베르게에서 우리 일행은 팜플로나
(Pamplona)에서 사 온 라면을 먹었지.

어쩜 외국 라면이 더 매운 건 뭐니.. 우리 모두 '우와' 하는 탄성만 내지르며 먹는데 중년 이상 되어 보이시는 한국인 남성 두 분이 오시네.. 난 모르지만 다른 일행들과 알더구나.

같이 와인을 마시며 우리 일행들과 많은 이야기를 나누었단다.

엄마 일행 중엔 미국 회계사로 일하는 한국 청년이 있었고. 나중에 합석한 한국인 남성 두 어른은 미국에 거주하는데 그 중 한 분은 현지 공무원 출신이시더구나.

무엇보다 그 많은 나이에 건강을 잘 유지하셔서 이 길을 걸으시는데 신기하더구나.

엄마도 늙은 나이에 새로운 뭔가에 도전할 수 있을까

엄마는 건강이 허락한다면 마지막 순간까지 새로운 도전을 하고 싶어.

사람이 만나 대화를 나누다 보면

분명 스토리가 있는 사람은 느낌이 달라.

고뇌 없이 가볍게만 살아온 삶과 스토리가 가득한 삶은 그 무게부터 다르겠지.

엄마는 개인적으로 스토리가 있는 삶에 호기심이 생긴단다.

대다수 사람들은 그들만의 이야기가 있지.

그런 이야기들은 허투루 들어 넘기는 척해도 다시 한 번 돌이켜 보게 된다,

겉으로 보이는 모습이 그 사람의 전부가 아니다.

그래서 쉽게 사람을 판단하고 무시해선 안 되더구나.

오늘 중간에 합석한 한인 어른들이 내일 긴 거리를 걸을 예정이라며, 오늘 이후 다시 만난다면 자신들이 뭐든 다 사주겠다고 하면서 장담을 하시던데 과연 이 긴 여정에서 다시 볼 수 있을까?

왼쪽은 한국 의대생, 오른쪽은 미국 회계사 한국 청년

6. 그 곳과 닮은 여기

딸아. 엄마야~~

오늘이 4일 차구나. 오늘 목적지인 푸엔테 라 레이나(Puente la Reina)까지 가면 지금까지 총 95.4km 걸은 거란다.

꽤 많이 걸었지?

오늘은 아침에 일행들과 작별하고 각자 길을 떠났다.

역시 혼자가 편하긴 해.

엄마는 걸으면서 가방을 다섯 번쯤 내려놓은 것 같아. 어제 좀 무리해서 걸었더니 걸음이 느려지고 더 힘이 드네. 누가 뭐래도 자신만 바라봐야 하는데 나 이외에 타인이 있는 상황에선 그것도 참 어렵구나.

이곳 스페인과 제주도는 많이 비슷한가 봐. 이 때면 제주도도 청보리가 한창 푸르르지? 여기 유채꽃이며 벚꽃, 청보리는 제주도를 생각나게 해.

엄마가 다시 보지 못할 드넓은 청보리밭을 지나는데 청보리의 푸른 물결이 사사삭 소리를 싣고 엄마에게 손짓하듯 물결치는구나.

제주도 푸른 파도를 여기 청보리 물결이 대신하네

제주도도 햇살이 참 따가운데 여기는 더 강하더구나. 엄마가 가져온 제주도 할머니들이 쓰는 모자는 매우 유용했어. 이 모자가 완전 목까지 다 감싸니까, 이 모습을 보고 신기했던지 외국인 여성분이 피부에 문제가 있냐고 물어보더구나.

자갈로 가득했던 산을 내려와 마을을 지나는데 벤치 위에 덩그러니 생뚱맞게 침낭이 버려져 있는 거야.
새것처럼 보여 들어보니 왜 버렸는지 알겠더구나.
가져갈 마음 전혀 안 생기게 하는 무게였어. 하하
순례길은 그렇게 하나하나 버리게 되는 곳이다.
이 순례길 끝엔 뭐만 남을까?
4km를 남겨둔 지점에서 첫날 생장(Saint-Jean)에서 보았던 한국인 가이드분을 만났어.
그분은 "이 순례길에선 헤어짐과 만남을 반복하면서 우연이 인연이 되어 간다."하더구나. 이 길은 신과 같이 걷는 길이라고.
엄마도 신과 함께 걷는 기분이었는데 그게 맞았나 봐.
반가운 마음에 떠들며 걷다 보니 숙소에 도착했어.
오늘 숙소는 공립숙소로 5유로 아주 저렴한 곳이야.
데스크에 서 있는데 아는 분이 보이네.
어제 엄마한테 다시 만나면 다 사주신다고 장담했던 LA 한국 중년분.
정말 만났구나. 그러니 사람은 앞일을 두고 장담을 하면 안 돼.

바로 몇 분 후도 알 수 없는 게 인생인데.

그렇게 그분께 저녁을 얻어먹는데 엄마 일행이었던 한국 청년들
이 오네.
반갑더구나. 잠시 보아도 오래 알고 지낸 것 같은 그런 사람들이
있지. 낯선 곳에서의 그런 만남은 그 만남을 위해 신이 우리를 그
곳으로 안내했을지도...
그런데 또 재밌는 사실은 침낭을 버린 주인공은 어제 그렇게 호
언장담하시던 67세 한국 어른이셨어.. 그 침낭 이야기를 하며
한참을 웃었어. 그분은 여기서 침낭, 배낭을 새로 구입하셨는데.
그분은 누구보다 건강했지만, 이 순례길을 너무 쉽게 보고 아무
정보도 준비도 없이 오셔서, 무거운 침낭, 배낭을 버리게 되셨지.

오늘 햇볕이 너무 강했어. 내일부턴 더 햇볕을 잘 막아봐야겠다.
엄마에게 선물 100개 사 오라는 우리 딸을 위해 내일도 열심히
걸어야겠지?

7. 다양성

딸아. 엄마야~~

5일 차 엄마는 워셔가루, 비누, 담이 들어간 티셔츠를 잃어버렸구나.

까미노 길에서 버린 게 아니라 잃어버리다니. 다행히 날씨가 점점 따듯해지고 있어서 신이 짐을 줄여주셨다고 생각해야지.

어제 일찍 자서 아침 일찍 출발했어.

오늘은 에스테야(Estella)까지 가는 여정 이란다.

오늘 걸어야 하는 거리가 21km쯤 되는데, 엄마는 순례길을 걷기 전 '이쯤이야' 라고 생각했단다. 그런데 순례길이 고난의 길이라고 이름 붙인 이유가 있었어. 10kg의 배낭을 짊어지고 땡볕 아래서 길을 오르내리니 마지막 2km를 앞두고 많이 힘들었단다. 도착지에 도착할 무렵 67세 한인 어른을 다시 만나 너무 반가웠는데, 그분도 많이 힘들어하셨어.

미국에 계실 때 마라톤 등 운동을 많이 하셔서 순례길을 쉽게 생각했는데 크게 착각하셨다더구나.

중간 어르신이 67세 미국에 사시는 어르신

엄마는 이곳에서 거의 1일 1식을 하고 있어.

아침 굶고 출발해서 중간에 빵 조금, 과일 등을 먹고 목적지에
도착해 식사하지.

여기서 걸으려면 잘 자고 잘 먹어야 한다는데 한 끼의 식사가 보
잘것없구나. 샐러드에 감자튀김 등 그래서 살이 점점 빠지고 있
단다.

그리고, 여긴 정말 세계 여러 나라에서 온단다.

우리가 이름조차 제대로 들어보지 않은 나라가 너무 많아.

아마 순례길처럼 다양한 인종이 하나의 목표를 가지고 만나는 곳
은 없을 거야.

엄마는 제주도에 살면서 정말 사람들 생각은 다양하고 내 생각
이 옳다고 판단해서는 안 된다고 느꼈는데, 이곳에서 더 느끼게
된다.

엄마가 산티아고 길이 좋다고 해서 우리 딸도 이 길을 좋아할 거
라고 생각하는 건 착각이겠지.
하지만 만약 이 길을 네가 걷게 된다면 혼자 걸어보면 어떨까?
제안해본다.

8. 동행

딸아. 엄마야~~♡

6일 차 엄마는 컨디션이 좋아지는 것 같아.

시작부터 빨리빨리 걸었지.

한 3km쯤 가니 순례자들이 웅성거리더구나.

이곳이 수도꼭지에서 와인이 나온다는 그곳. 이라체(Lrache) 수도원의 '와인의 샘'

엄마보다 먼저 온 한국 사람이 와인을 물통에 많이 받으면 눈치보인다고 하더구나.

엄마는 뒤에 줄을 선 사람들이 사진 찍는다고 정신없는 틈에 물통에 반을 받았지.

그리고 돌아서는데 줄을 서 있던 순례자들이 엄마의 와인이 담긴 물통을 보고 소리를 지르는 거야. 하하

엄마는 마냥 '쏘리 쏘리'하며 나왔더니 다들 웃더구나.

참새가 방앗간을 그냥 지나가겠니? 한 통 다 받으려다 못 받은 건데.

와인의 샘

어제 엄마와 이곳에서 만나 와인과 함께 아침을 먹자던 한국 청
년 일행들을 만나 벤치에 앉아 와인과 빵을 먹고 엄마는 공복 음
주 유산소 운동을 했단다.

그 후 걷다가 앞서가던 우리 일행 중 제일 젊은 한국 청년이 다
른 길로 가는 거야. 그 친구는 이어폰을 꽂고 있어 엄마가 부르는
소리를 못 듣더구나. 엄마는 슈퍼맨처럼 그 오르막길을 뛰어가
그 친구의 스틱을 엄마의 스틱으로 '탁' 쳤단다.

그 뒤로 그 청년은 걸음 속도를 줄여 엄마랑 동행했지.

일본 모녀 순례자 중 어머니

에스테야(Estella)에서 로스 아르로스(Los Arcos)까지.

그렇게 또 기나긴 아름다운 길을 걸었단다.

마지막 제일 힘든 2.8km 구간이 나왔어.

서로 이야기하며 걷다 보니 어느새 알베르게가 나오는구나.

같은 길을 걷다 보면 예기치 않게 자주 만나는 사람.

의지가 되는 사람들이 있을 수 있어.

그러나 여기 길을 걷다 보면 일행이던 사람들도, 심지어는 부부도 따로 걸어가고 또 다른 인연도 만나고 반복되더구나.

엄마도 오늘 그 미국 LA 중년 두 분과는 다른 길을 간 것 같아.

한 분은 너무 앞서가셨고 다른 한 분은 몸이 안 좋으셔서 버스를 타고 가서 쉬어야 겠다는구나.

그렇게 만남과 헤어짐이 반복되는 순례길에서 누군가에게 너무 의지한다면 상처가 되겠지.

처음 어렵게 순례길을 걷게 된 계기를 생각하며 걸어야 할 것 같애.

이 인연이 떠나가면 또 다른 인연이 오고 가장 중요한 건 나 자신이란 친구가 있잖아.

오늘 한국 일행 두 명과 백숙을 요리해 먹기로 했어.

어쩜 힘든 여정에 이들과는 마지막 식사일 수도 있지.

하지만 한 번씩 밥 같은 밥을 먹어야 남은 길을 가는데 백숙은 혼자 먹기는 좀 그렇잖니?

58

9. 비가 온다.

딸아. 엄마야~~
5. 2일 7일 차 날이구나. 오늘은 가장 긴 코스 28.3km를 걸었단다.

로스 아르로스(Los Arcos)에서 로그로뇨(Rogrono)까지.
원래는 비아나(Viana)에서 자려고 했는데 아침에 출발해 2시간
이 지나니 비가 오기 시작했어.
비가 오니까 18.3km를 물 한 모금만 먹고 미친 듯 걷게 되더구
나.
서서히 이 길에 내 몸이 적응되어 가나봐.
비 덕분에 더 빨리 걸어 비아나(Viana)에 도착하니 문을 연 알베
르게도 없고 찾기도 힘들어서 커피 한잔으로 몸을 녹이고 계속
길을 걸었지.

여기서, 순례길에서의 하루 일과가 어떻게 반복되는지 이야기해
줄게.
새벽 어둑어둑할 때 사람들의 부스럭거리는 소리에 잠이 덜 깬
상태로 일어나 아직 자는 사람들이 있으니 일단 짐을 가지고 알
베르게 방 밖으로 나오지.
대충 씻고 선크림을 바르고 끼니를 거른 체 아직 해가 완전히 뜨

지 않았을 때 걷기를 시작해. 이 시간이 보통 아침 6시에서 6시 반이야.

몇 시간 걷다가 길에서 과자, 빵, 귤 등을 먹고 또 걷는단다.
간혹 마을에 있는 카페에서 커피나 맥주를 마시기도 하지.
숙소에 도착하면 줄서서 체크인을 하고 자신의 침대에 짐을 내려 놓고 침대와 베개에 커버를 씌운 후 침낭을 깔아놓지. 침낭을 까는 건 자리가 있다는 의미래.
그리고, 슬리퍼를 갈아 신고 샤워하며 빨래를 하지.
빨래를 널고 마을을 구경하고 다시 숙소로 온단다.
이곳은 보통 오후 2시에서 4시는 '시에스타(Siesta)'라고 슈퍼 마켓 등 대다수 상점이 문을 닫고 쉬는 시간이란다.
그래서 이 시간에 다시 숙소로 돌아와 일기를 쓰다 한 시간 정도 낮잠을 자지.
자고 일어나서는 다시 슈퍼로 가서 먹을 것을 사와 일행이 있으 면 같이 와인을 마시며 저녁 식사를 하고 아니면 혼자서 먹고 저 녁 9시 이전에 잔단다.
이게 거의 매일 반복되는 이곳에서의 일상이란다

오늘 날씨는 매우 쌀쌀하구나.
모두 다 힘들어하는 것 같네.
평탄한 길이었지만 초반엔 비가 오고 추워서 쉽진 않았지.

그래도 이렇게 몸 하나 뉠 수 있는 침대 한 칸 있어 만족해.

오늘 이만큼 걸을 수 있었던 건 어제 먹은 백숙 덕분이 아니었을까? 오늘은 다른 걸 먹고 싶었는데 숙소에서 다시 만난 일행들이 또 백숙을 먹자네.

그래도 괜찮아 엄마는 오늘 중국 마켓에서 신라면과 불닭볶음면을 샀거든.

이 길에서 비상식량을 배낭에 넣고 다니면 마음이 아주 든든하단다.

사실 걷는 시간보다 알베르게 도착 후 식사 등의 시간에 일행이 없으면 더 힘들 수 있는데 오늘은 다행이야!~~

오늘도 신이 함께하셨다고 생각해.

오롯이 혼자 꿋꿋이 잘 걸었으니 안 그래?

Logroño   6,8 Km

La Rioja   2,8 km

10. 아픔

딸아. 엄마야~~

8일 차. 이제 내일이면 어린이날이네.

잘 지내고 있니?

오늘은 엄마가 30km쯤 온 것 같아.

로그로뇨(Rogrono)에서 나헤라(Najera)까지. 짐은 더 많아져서 결국 발목이 아프더구나.

마지막쯤엔 절뚝거리며 숙소에 도착했지.

항상 감사하게 숙소에 도착하면 전우애를 느낄 수 있는 산티아고 동지들이 있어 힘듦을 보상받곤 한단다.

낮에는 쌀쌀했지만, 시간이 갈수록 햇살이 밝게 비추더구나.

까미노 이 길에서 혼자 고독을 느끼며 걷다가 아는 한국 사람들을 만나면 아주 반갑단다.

그렇게 잠시 이야기하며 걸으면 힘듦을 잠깐 망각하기도 하지.

하지만, 조금 있으면 서로의 간격은 멀어진단다.

각자 체력이 다르니까 이 긴 길을 걸어 도착하려면 스스로 살아남기 위해 자신의 페이스에 맞춰 걸을 수밖에 없어. 그러려면 누구보다 자기 자신을 잘 알아야 하지.

이 길은 하루 걷고 마는 길이 아니니까.

멀리 가야 할수록 더욱 조심히 자신을 바라봐야 해.

하지만 오늘은 참 힘든 하루였어.

굳이 이렇게 힘들어하며 무리하게 걸어야 하나 하는 생각도 들어. 순례길을 느끼려고 온 건데.

그래서 내일은 정상 루트대로 간다.

조금 늦게 출발해서 조금 느리게 걸어도 될 것 같아.

내일이면 또 헤어짐이 많겠구나.

어차피 혼자 시작했고 난 나의 길을 가야 하니

연연하지 말고 힘을 내자 알았지?

11. 그림 속을 걷는다

딸아. 엄마야~~

순례길을 걸은 지도 9일 차가 되는구나.

5월인데 아직 여긴 춥단다.

패딩과 침낭에게 너무 감사하구나.

오늘은 나헤라(Najera)에서 산토 도밍고(Santo Domingo)까지 약 20km를 걸었어.

걸을만 했지만 몇 시간 걷고 나니 다시 발목이 아파 어제 한국 청년이 준 진통소염제를 먹었단다.

하지만, 오늘 엄마는 그림 속을 걷는 것 같았어.

하얀 도화지에 짙은 파란색 물감으로 하늘을 칠하고 짙은 녹색으로 논을 칠한 그림 속.

너무 선명하고 아름다워 울컥 눈물이 나더구나.

다시 이 아름다운 곳을 볼 수 있을까 하고 말이야.

오늘은 또 다른 스토리가 있는 사람을 만났단다.

서울대 다니던 딸이 수녀가 되어 그 딸이 걸었던 이 길을 딸의 배낭을 메고 걷는 분을 만났지.

그리고, 오늘 가장 멋진 스토리를 가진 사람은 한국인 신혼부부인데 결혼한 진 2년쯤 되었고, 다니던 직장을 그만두고 일 년 정도 세계여행을 하고 있다더구나.

이런 젊음의 패기가 멋지지 않니? 그 부부는 처음에는 애들 셋을 한국에 두고 온 나를 정말 대단하다고 하더니 그 젊은 신랑이 너희 아빠가 멋있다고 꼭 전해달래.

아빠가 너희들을 돌보고 엄마를 산티아고 순례길 보내준 게 그렇게 멋지다네.

엄마도 두말없이 보내준 너희 아빠가 멋진 사람이라 생각해

딸아.

엄마는 네가 그 신혼부부처럼 함께 세계여행을 떠날 수 있는 멋진 동반자를 만났으면 좋겠어.

네가 어느 길을 가건 엄마는 항상 널 응원할 거야.

너도 엄마를 닮았으니 아빠처럼 멋진 동반자를 만날 거야.

내일도 엄마는 즐기며 걸어야겠어.

행복하려고 온 길이니까. 그렇지?

12. 익숙하지 않은 길

딸아. 엄마야~~

5. 6일 10일 차. 이 길을 매일 걷고 있는데 왜 이 길은 익숙해지지 않지? 배낭의 무게는 여전히 다리를 짓누르고 걸어도 걸어도 끝이 보이지 않는 길 위의 외로움은 몸을 더욱 힘들게 하지.

그런데, 한국 어르신들은 어쩜 그리 잘 걷니? 놀라울 정도의 체력이시더구나.

아마 엄마는 지금보다 더 나이가 들면 이 길을 못 걸을 것 같은데 10km 남은 지점에서는 뛰어서도 가겠다는 어른들 말씀에 정말 놀라웠지.

오늘 길은 평지길이라 누군가와 동행한다면 지루하지 않게 갈 수도 있겠지만, 속도가 맞지 않으면 안 된단다.

그래서 산토 도밍고(Santo Domingo)에서 벨로라도(Belorado) 23km를 엄마는 거의 혼자 걸었지.

오늘은 엄마의 엄마가 보고 싶네

알베르게 안 풍경

여기 일본 모녀가 길을 걷는데, 그 어머님이 큰 배낭을 메고 잘 걸으시더구나.

엄마가 이 길을 걸어보니 외할머니는 걷기 힘들 것 같아.

조금이라도 젊을 때 더 많이 보고 느끼고 세계 여러 나라 사람을 만나본다면 아마 인생이 덜 단조롭지 않겠니?

내일은 오늘보다 더 먼 거리를 가야 한단다.

조금 더 일찍 출발해야겠구나.

그럼 덜 힘들까?

13. 또 다른 만남

딸아. 엄마야~~

11일 차니? 오늘은 발목이 많이 좋아져서 목적지보다 3km를 더 걸었단다.

이 정도 컨디션이면 문제없이 다닐 수 있을 것 같네.

어젠 엄마가 묵은 알베르게에 아는 사람이 한 명밖에 없어서 나를 위로할 겸 혼자 불닭볶음면을 먹었어. 그리고 일찍 잤지

지금까지 알베르게에서 아는 사람들과 만나서 백숙, 오므라이스, 감자전 등 다양하게 잘 먹었는데, 순례길에선 매일 같이 만날 수는 없으니.

마을 초입에 있던 내가 묵은 알베르게

이 길에선 세계 여러 나라 사람들이 만나 다른 언어를 사용하지만, 순례길에서 만나는 사람들은 모두 "부엔 까미노(Buen Camino)"라고 인사한단다. 이 말은 우리나라 말 그대로 옮기면 "좋은 길!"이란 뜻인데, "멋진 순례의 길 되시길", "평안한 순례의 길 되시길"이라는 뜻이란다.

전우애를 느끼는 이 길에서 그 말엔 '힘을 내라'는 뜻이 함축되어 있을 거야.

순례길의 알베르게는 금액이 천차만별이지만 대다수 5유로에서 10유로로 저렴하고 슈퍼에 가면 와인을 정말 값싸게 구입할 수 있단다.

우리나라 돈으로 3천 원도 하지 않는 와인이 한국에서 판매하는 2만 원 정도의 와인 보다 더 낮다는 생각이 들어.

그리고 알베르게 화장실 물은 물통에 받아 마시는 외국인이 있는 것을 보니 물이 정말 깨끗한 것 같구나.

한국에선 상상도 할 수 없는 일이 아니겠니?

오늘 엄마는 긴 거리를 걸어야 해서 아침 일찍 출발했는데 이 길에서도 또 많은 인연을 만났지.

엄마가 서울대 다니던 딸이 수녀가 되었다는 어르신 이야기를 한 적이 있지, 오늘은 연배도 사연도 거의 같은 한국분을 만났어.

그분도 독일로 8년간 유학 갔던 딸이 덜컥 수녀가 된다고 하고 2년 전 딸이 걸었던 이 길을 그 딸의 배낭을 메고 걸으신데.

그리고 그분은 피레네산맥을 넘으며 많이 우셨는데.

이 힘든 길을 자신의 딸이 걸었다고 생각하니 그렇게 눈물이 쏟아지더라네

두 분은 왠지 길을 걷다가 만나게 될 것 같구나.

(이날 우연히 식당에서 만나신 두 분은 말을 아끼신다. 더 말하면 울 것 같으시다면서)

그리고 또 위대한 한국 청년을 만났지.

그 청년은 3월30일부터 파리에서부터 걸어 이곳 산티아고 순례길까지 왔는데 프랑스에선 무작위로 집 문을 두드려 잤고 이곳에선 길에서 침낭 하나 들고 밖에서 잔대.

대단하지 않니? 알베르게에서 자기도 추운데 밖에서 침낭 하나로 버티다니.

엄마는 그 23세 청년이 정말 대단해 보이고 자랑스러운 한국 청년 같았어.

그 청년은 앞으로 살아갈 동안 닥칠 시련과 고난을 이미 다 연습한 것 아니겠니?

그 청년도 지금까지 하루하루가 기적 같다고 하더구나.

너희 오빠들도 스스로 이런 도전을 하겠다고 나선다면 엄마는 너무 행복할 거야.

제일 앞에 위대한 청년

오늘도 엄마가 머무는 숙소에는 귓가에 모르는 언어들만 가득하지만, 다행히 한국 어르신 한 분을 만나 저녁을 먹었단다. 이들의 언어 속에 묻혀 있으면 혼자 기둥처럼 우뚝 서고 싶어도 위축되는구나.

한국인인데 영어를 잘하면서 한국인을 먼저 생각한다면 최고일 것 같네. 어떤 한국 젊은이들은 외국인하고만 대화하고 한국인들은 모른체 하는 사람도 있더라고.

오늘 걸으며 많은 사람과 대화하고 발목이 좋아지니 힘이 난다. 앞으로도 엄마 혼자 꿋꿋이 갈게.

내일은 또 어떤 만남이 있을까?

14. 신의 시험인가?

딸아. 엄마야~~
오늘은 12일 차 5.8일 어버이날이네.

이 어버이날 신이 엄마를 시험한 건가? 부모한테 잘하라고 혼내시는 건가. 하는 생각이 들 정도로 힘든 날이었어
아헤스(Ages)에서 부르고스(Burgos)까지 약 24km의 여정인데, 오늘 아침 어둑어둑할 때 일어나 내려가니 입구에 사람들이 모여 있어 물어보니 비바람에 까미노길 표시가 잘 안 보여 못 출발하고 있다더구나.
한 십여 분 그렇게 비바람을 보며 우두커니 서 있다가 출발했지.
어둠을 뚫고 노란색 화살표를 찾으니 기쁨과 함께 고난의 길이 시작됐어.

비바람이 얼마나 매섭게 부는지. 그나마 비가 적게 와 다행이었지, 앞에서 옆에서 불어오는 바람은 엄마를 휘청이게 하고 앞으로 못 가게 막는 것 같았지.

엄마의 우의가 좀 짧아서 힘들게 언덕을 넘어 카페에 도착하니 하의가 다 젖었더구나.

그곳에서 따뜻한 우유, 빵에 겨우 몸을 추스르고 가야 할 길이 남았기에 축축한 우의를 다시 입고 출발하려니 옷이 젖어 춥구나.

그렇게 나와서 조금 걷다 보니 길을 잃은 것 같아 뒤에 순례자 한 무리가 나타날 때까지 기다려 같이 걸었는데 무슨 경보 하듯 걷더구나. 다들 축축한 옷과 추위를 피하고 싶었나 봐.

엄마는 제일 뒤에서 바람에 휘날리는 그들의 판쵸 우의를 보며 따라갔지.

부르고스(Burgos)는 큰 도시더구나.

아파트 같은 건물도 있고 여러 상점도 있었어.

도시로 들어서니 화살표가 잘 보이지 않았지.

그래도 길에서 만난 한국 어르신과 함께 걸으며, 슈퍼에 들러 와인, 맥주도 사고. 힘듦을 이겨내기 위해 맥주 한 캔씩 먹고 출발했지.

어떨 땐 남은 거리에 맥주가 진통제가 되어주지.

대신 그 술의 배낭 무게를 걷는 내내 견뎌야 한다는.

그렇게 걷고 걷다 보니 성당이 나오네.

순례길은 각 마을마다 보통 성당이 있단다.

문이 닫혀 있어 잘 안 들어가는데 오늘은 들어가 보았지.

미사를 드리고 있었어.

항상 성당에 들어가면 나도 알지 못하는 그런 성스러운 느낌이 있어.

성당을 나와 가다 보니 드디어 알베르게구나

오늘 알베르게 앞에는 많은 식당이 즐비하고

알베르게 시설은 공립인데 지금까지 갔던 공립 중에 최고구나.

고만고만한 알베르게를 다니다 조금만 시설이 좋아져도 만족감이 굉장히 높아지네.

어제부터 한국 청년 등 알던 일행들과 목적지가 달라졌단다.

이 길에선 역시 좀 혼자만의 공간이 필요해~~

지금까지의 일행들과는 헤어졌지만,

또 다른 사람들을 만나는구나.

이 길 최고의 장점인 것 같아.

너도 누구에게도 연연하지 않는 혼자만의 길 느껴볼래?

부르고스부터는 '마음의 길'이라고 한다

15. 홀로서기 연습

딸아. 엄마야~~
13일 차 되니 이제 모든 것에 조금씩 적응되어 가는 것 같다.

오늘은 부르고스(Burgos) 대도시에서 오르니요스 델 카미노
(Hornillos del Camino)까지 20.6km의 비교적 짧은 길을 걸었
지.
길 위에서 외로움, 고독, 행복, 기쁨을 반복하고, 수많은 사람과
만남 헤어짐의 반복 과정에서 상처에 상처가 흉터가 되어 면역력
이 생긴 것 같아. 그래서 오늘은 정말 천천히 걸었단다.
그러다 나와 비슷한 속도의 한국인을 만나 한참을 같이 걸었어.
엄마가 너무 느려 비슷한 속도의 사람이 잘 없는데 그 청년이 무
릎이 아파 느리지만 엄마에겐 또 위로되더구나. 근데, 그렇게 청
년이 천천히 걸었던 이유는 엄마가 피레네를 넘은 후에 그 청년
이 피레네를 넘었는데, 폭설이 오더래. 그 청년은 본능적으로 고
립되지 않으려고 무리해서 그 산맥을 넘었고, 지금까지 무릎이
낫지 않았다네. 피레네산맥 대단하지?

엄마의 발목도 아직 완전히 낫지 못해 천천히 걸으니 몸이 덜 힘들어지고 까미노를 걷는 행복감이 밀려왔어. 이렇게 느리게 느끼며 걷고 싶었는데.언제쯤이면 오롯이 나만 바라보며 걸을 수 있을까?

길을 걷다 보니 건물에서 찬송가 같은 소리가 들려 들어갔어.
작은 성당인데 조용히 앉아있다가 나오려는데 입구에 여성 한 분이 앉아계셔서 순례자여권(credential)에 도장을 찍어주냐고 물어보니 도장을 찍어주시고 옆에 걸어둔 목걸이를 하나 주시더구나.
돈을 달라고 하지 않으셔서 어리둥절하며 그냥 받아 나왔는데 이 작은 성당을 우연히 들어가지 않았다면 얻지 못할 행운이었겠지. 누군가 나의 발길을 인도해 주시는 것 같아
대다수 사람은 이곳을 지나 10km를 더 가는데, 엄마는 오늘 여기에서 멈추었지.
이곳 작은 알베르게엔 아는 사람이 거의 없는데 영어가 되는 사람들은 자기들끼리 금방 친구가 되지 그럴 때면 더 고독해질 때가 있어.
걸을 때 외에 이럴 땐 정말 고독을 느끼고 싶지 않구나.

목걸이를 받았던 성당

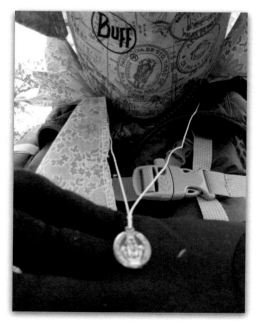

성당에서 받은 목걸이

그리고 이 길을 걷다 보면 자꾸 눈물이 나려한다.

오늘도 눈물을 훔쳤네.

대다수는 엄마의 엄마를 생각할 때면 그냥 눈물이 나려 해.

역시 힘들면 엄마가 생각나나 봐.

너도 엄마를 생각하며 조용히 흐느낄 때가 있겠지?

너에게 그런 엄마로 남고 싶네.

숙소에 와서 한숨 자고 씻고 뻘쭘하지만 당당해지자며 밖으로 나왔어. 기웃기웃 레스토랑을 살피며 걷다가 작은 슈퍼에서 바나나 2개, 귤 1개를 샀단다.

여기 바나나는 한국에 파는 것보다 맛있고 귤은 제주도 귤보다 맛있단다.

엄마는 귤은 제주도만 나는 줄 알았어! 하하.

내일도 짧은 여정인데.

천천히 걸으며 행복해하고 고독을 즐길 수 있겠지?

16. 그리움

딸아. 엄마야~~

14일 차구나. 엄마는 항상 하루 평균 7시간 정도를 걷는 것 같아.
이렇게 37일가량 매일 걸어야 하는데 쉬운 일은 아니지.
오늘은 카스트로헤리스(Castrojeriz)란 마을까지 왔어.
산티아고 순례길 중 오늘이 가장 행복했던 것 같아.
앞으로 계속 더 행복하겠지만.
이제 엄마는 어두운 새벽 조용히 짐을 빨리 꾸리는 방법도 습득
했고, 점점 혼자 가는 길이 즐거워지고 있어.

카스트로헤리스(Castrojeriz) 마을로 출발한 오늘 아침은 조금
걸으니 비가 오는구나.
대충 짐작은 했기에 침착하게 배낭에 커버를 씌우고 우의를 입었
지. 우의 입는 것도 처음엔 서툴렀는데 지금은 꽤 능숙하게 입는
단다.

오늘 걸었던 길은 말이야.

무언가 익숙하고 그리운 길이었어.. 도로 가에 펼쳐진 나무와 바람에 실려 날아온 나뭇잎 소리는 엄마가 어릴 적 보고 느꼈던 풍경이었어.

엄마는 엄마도 모르게 그런 자연이 그리워 제주도에서 이곳 산티아고까지 온 건 아닐까?

이곳이 제주도와 많이 닮았단 이야기를 했지?

제주도를 너무 사랑한 김영갑 사진작가가 만약 제주도가 아닌 이곳에 왔었다면 이곳을 떠나지 못했을 거야.

이곳엔 그가 너무나 카메라에 담고 싶었던 비, 바람, 구름, 고독과 외로움이 지천으로 깔려있거든.

그의 사진집에서 보았던 그 바람과 그 고독을 엄마는 오늘 온종일 보고 느끼며 걸었단다.

제주도 사람들이 꿈꾸었던 유토피아 '이어도'는 이곳엔 필요 없어. 이곳이 바로 그 '이어도'거든.

너무나 풍요롭고 아름다운 이 자연이 '이어도' 그 섬이란 생각이 든다.

손과 귀에 스치는 바람 소리와 굽이굽이 물결치는 푸른 풀밭이
이 마을로 오는 발걸음을 더욱 흥겹게 해주었어.

오늘은 정말 많은 것에 연연하지 않고 쉬고 싶으면 쉬고 먹고 싶
으면 먹고 하다 보니 오히려 더 많은 걸 가지게 되는 것 같아.

더 많은 기회와 만남. 더 좋아진 건강과 기분.

그리고 이곳엔 한국인이 운영하는 식당도 있다는데 기대되는구나.

내일부터는 메세타(Meseta) 고원(Meseta Central, Meseta) 지
역이라고 끝도 없는 광활한 대지에 끝없이 보이는 길을 걸어야 해.

진정한 고독과 외로움을 느끼는 까미노 길이래.

이제 조금 적응되었으니 잘 할 수 있겠지?

카스트로헤리스(Castrojeriz) 마을 들어가는 길

카스트로헤리스(Castrojeriz) 마을에서 묵은 공립 알베르게

17. 메세타(Meseta)

딸아. 엄마야~~

15일 차네. 어제 카스트로헤리스(Castrojeriz) 마을 공립 알베르게에서 엄마가 잤잖아.

엄마는 이 마을이 너무 좋은 거야. 고즈넉하니 작고 고요한 그 마을이 참 좋더구나.(순례자들에게 들으니 '연금술사'의 작가 파울로 코엘료가 이 마을에 머물며 글을 섰다더구나)
조용한 골목길을 혼자 거닐어 보기도 하고 마을 높은 곳에 앉아 저 멀리 내려다보이는 풍경을 한참이나 바라보았지.
그냥 그런 거 있잖아.
왠지 모르게 마음이 가는 곳. 그리고 그 공립 알베르게 직원분들의 세심한 배려도 한몫했지.
아침에 메세타(Meseta) 지역으로 가면서 다시 돌아봤지
'다시 이 마을에 올 수 있을까?' 생각하며 몇 번이나 돌아보았단다.
오늘은. 6시 40분경에 출발했는데 숙소에 도착하니 2시가 넘었구나.
또다시 발목이 아파지려 하네.

이곳 프로미스타(Fromista)까지 오는 길에 약 10km를 영국 69세 할아버지 패트릭이랑 함께 왔어.

엄마가 처음으로 길게 이야기해본 외국인이야.

영어권인데도 할아버지는 내 수준에 맞는 영어로 잘 이야기하셔서 우린 웃으며 길을 걸었어.

근데, 그분이 영어도 잘 모르는 나에게 스페인어를 가르쳐 주시더니 계속 다시 말해 보라고 시키시는 거야. 하하.

덕분에 이곳에 도착해서 스페인 단어 두 개를 사용했지.

정말 아무것도 아닌 단어 하나에 뿌듯하더라고.

그분은 엄마보다 걸음이 빨라 먼저 가시고 나서

저 수평선 넘어까지 광활하게 펼쳐진 길을 걷는데. 배가 아픈 거야 그 길을 걷는 기쁨도 사라지고 이제 그 길은 엄마 몸 동아리 하나 숨길 곳 없는 민머리로 보이더라.

기도드렸지.. 신께.

참을 수 있게 도와달라고. 신은 엄마와 함께였어.

10km 가까이 아무 탈 없이 걷고 아주 넓고 깨끗한 화장실에서 볼일을 보게 해주셨으니.

오늘 메세타(Meseta) 지역 걷기는 호불호가 갈린다는데 엄마는 좋았단다.

또 다른 사람을 만나 그들만의 사연을 듣고 감동하고 다시 또 다른 사연을 만나고.

이렇게 구글 번역기에 나오는 수많은 언어의 사람들이 하나의 목표를 두고 만나는 곳은 이곳뿐일 거야.

이곳은 누가 그러더라 '원초적 본능'이라고.

자고 먹고 싸고 걷고 이렇듯 원초적인 것만을 수십 일 반복하면서 힐링이 되는 거겠지.

그리고 이곳은 저녁 9시에도 밖은 대낮처럼 밝단다.

그래서 이곳 사람들은 낮잠을 자는 시간이 있고 자고 나면 늦은 저녁을 먹는가 봐.

오늘 이곳 식당이 7시 30분에 저녁 식사 시간이라 배고파 혼났어.

정말 세상에는 팔자 좋게 편하게 사는 사람들도 많지?

무엇이 되느냐보다 어떻게 사느냐가 중요하지 않을까?

18. 그리고 이곳

딸아. 엄마야~~

16일 차네. 오늘은 카리온 데 로스 콘데스(Carrion De Los Condes)까지 18.9 km밖에 걷지 않았어.

천천히 혼자 걸었단다. 역시 혼자 걸으니 생각할 시간도 많고 좋았어.

발목도 덜 아프고.

오늘은 주원이 오빠 생일이지

'사랑하는 아들 주원아

형한테 한 번도 대들지 않고 동생한테 참아주며 잘 돌봐주는 제일 멋진 아들 주원아.

엄마한테 제일 아픈 손가락 같은 우리 주원이.

항상 고맙고 엄마가 평소 표현을 많이 못 해줘서 우리 아들이 표현 안 하고 참는 건가 싶어 미안하단다.

너는 제일 아픈 손가락이지만 제일 멋지고 자랑스러운 손가락이기도 해.

태어나줘서 고맙고 태어나서 지금까지 건강하게 잘 자라줘서 고
마워.
이제 싫으면 싫다 좋으면 좋다 너의 마음을 잘 표현할 수 있게 엄
마가 노력할게.
엄마가 바뀌어야지 너도 바뀌니까.
사랑한다 주원아'

딸아. 너의 가장 큰 복은 우리 가족이야.
모든 걸 너에게 양보하는 멋진 오빠들을 가진 넌
정말 행복한 아이야.
든든한 오빠 둘이서 너의 옆에 있는데 겁날 게 뭐 있어.

AUTOVIA A-67

오늘 엄마가 묵는 산타마리아 알베르게는 수녀분들이 운영하셔서인지 인기가 많더구나.

엄마는 걱정 없이 천천히 천천히 걸어 도착했더니 알베르게 앞에 순례자들이 줄을 서 있네! 그제야 조바심이 났지만, 이곳에 숙식을 못한다면 그것도 주님의 뜻이려니 했는데 엄마 다음다음 사람에서 끊겼어.

수녀님이 운영하시는 알베르게 앞 순례자 줄

수녀님이 운영하시는 알베르게

휴~~다행이었지
엄마는 아직 이런 일들을 대수롭지 않게 여길 만큼의 수양은 덜
되었나 보다. ㅎ

하지만 엄마는 하루하루 강해지고 있는 것 같아
걸으며 흔들릴 때마다 되뇐단다.
'어차피 너는 혼자다
혼자만의 길을 가는 거다'
이렇게 말하며 나를 더 생각하고 사랑하는 걸 배우는 것 같아.
딸아. 너의 제일 친한 친구가 너란 걸 너는 아니?

19. 제비처럼

딸아, 엄마야~~

엄마가 이 길을 걸은지도 17일 차네.

오늘은 26.6km를 걸었는데 23km까지 걸으니 그만 걷고 싶더구나.

하지만 이제 이 길도 엄마 몸에 익숙해지나 봐.

배낭의 무게도 다리의 아픔도 점점 무뎌지네.

우리가 걸었던 제주도 올레길은 20km가 넘는 길이 잘 없었지?

그 반면에 순례길은 20km 안 넘는 길이 잘 없네.

바람 많은 이곳은 그 올레길과도 많이 닮았어.

올레길을 다 걸은 너희들은 충분히 이 길을 느낄 수 있을 거야.

오늘 걸어온 길에선 17km까지 마을이 없단다.

그리고 나타난 마을은 수평선 너머까지 보이지 않아. 그러다가 가까이 가보면 내리막길로 뚝 떨어진 아래 숨은 호수처럼 갑자기 나타나지.

오아시스 같은 그곳을 그냥 지나칠 순 없지.

마을 카페에 들러 요기를 하며 충분한 휴식을 취하고 출발했단다.

이번에 갈 마을엔 알베르게가 두 개밖에 없어 숙소를 구하지 못

할 것 같아 도착지점 3km 전 마을인 레디고스(Ledigos)에서 자려고 했는데 먼저 엄마가 갈 마을에 도착한 한국 청년이 엄마 숙소를 예약해 주었구나.

그래서 마을 초입에 생뚱맞게 위치하지만, 정원이 너무 이쁜 알베르게에 묵게 되었단다.

마을까지는 거리가 있어 마을 구경을 하지 않을 것 같아 바람 많고 볕 좋은 이곳에서 바람막이, 경량 패딩 등 많은 옷을 빨았어.

연한 맑은 하늘색에 새와 풀들이 노래하지만, 이곳 바람은 아직 서늘하네.

아 참 엄마가 청보리라고 한 게 밀밭이었나 봐.

빵이 주식인 이곳에서 온천지에 털북숭이 강아지 털처럼 밀이 반짝이며 물결친다.

이날 묵은 알베르게 마당 모습

그리고 엄마가 제비 이야기했니?

이곳엔 엄마가 어릴 때 살던 동네에 곡예비행을 하던 그 제비들이 많단다. 너는 제비를 자세히 본 적 있니?

제비는 여름이면 마을을 이리저리 전투기처럼 날아다니고, 지붕 아래에 둥지를 만들어 새끼를 낳은 어미 제비가 둥지로 먹이를 물어오면 둥지 안에 있던 새끼들이 짹짹거리며 입을 찢어질 듯 벌린단다.

또 엄마가 지금 너만 할 때 집 앞 마을 길에 매미채를 들고 가운데 당당히 서서 저공비행 하는 제비를 잡을 거라고 매섭게 제비를 노려보며, 채를 휘두르곤 했지. 비행 천재들인 제비를 단 한 번도 잡아 본 적은 없어.

지금은 너희들이 제비를 잘 모를 만큼 한국에선 보기가 힘든데, 여기는 그 옛날 어린 시절 그때 그대로란다.

여기서 사는 제비들은 참 행복할 거란 생각이 드네.

제비도 살 만한 곳을 찾아 떠나는데 인간도 그렇겠지?

20. 잃어버린 길

딸아~~엄마야

18일 차 엄마는 걷고 있구나
오늘은 23km, 이 정도는 이제 짧은 길에 속하지
어제는 마을과 떨어진 숙소에서 LA에서 치과의사로 계시는 한
국 어른과 함께 저녁을 먹었단다.
한국에서 치과의사를 하시다가 미국으로 이민가서 미국에서 다
시 의사 면허증 시험을 2년 준비해 치과의사가 되셨다니. 다양
한 삶을 향한 그의 자유로운 선택이 대단한 용기로 보이는구나.

오늘은 도착지인 베르시아노스(Bercianos) 마을 전에 칼사다
데 코토(Calzada de Coto)란 마을을 지난단다.
엄마는 분명 까미노 길 표시를 따라 칼사다(Calzada) 마을로 들
어갔고 그곳에 있던 알베르게에서 급한 볼일을 보고 나와 다시
노란색 화살표를 따라 걸었단다.
그런데, 걷다 보니 2차선만큼 넓은 흙길에 앞뒤로 순례자가 없네.

나의 앞에 걸어가시는 치과의사 어르신

이상하다고 생각했지만 까미노 길 표시가 있기에 계속 갔어.

하지만, 감이란 게 있잖니. 한참 걸었는데 마을은 보이지 않고 사람도 없고 그래서 먼저 베르시아노스(Bercianos) 마을에 도착한 순례자에게 연락하니 엄마는 우회 루트 즉 다른 길로 간 거야. 그 길이 아름답긴 했으나 걱정이었지.

다시 볼일을 봤던 알베르게로 걸어가다가 베르시아노스(Bercianos)로 가는 사잇길이 있어서 그 길로 1시간 더 걸어 원래 가려던 베르시아노스(Bercianos)에 도착했어

약 4km를 더 걸은 것 같아 ㅜㅜ

매일 걷는 순례자에게 생각지도 못하게 추가된 거리는 그 힘겨움이 배가 된단다.

이제 발목이 거의 다 나아가는데 어쩔 수 없이 급하게 걸어야만 했어.

왜냐하면 엄마가 가려는 숙소는 도네이션이라고 기부제로 운영되는 선착순 알베르게야. 48명 정원인데 엄마는 다행히 자리가 있어서 친절한 분들이 근무하는 이곳에서 잘 수 있게 되었어.

이곳은 돈을 내고 싶은 만큼 내는 곳이지만 쾌적한 환경에 근무자들이 친절해서 사설 알베르게 보다 더 돈을 많이 내는 사람들도 있단다. 정말 마음에 드는 알베르게야.

도착하니 치과의사분, LA 공무원분, 다리 아픈 청년과 엄마에게 맥주를 사줘서 엄마가 고마워 한국에서 가져온 열쇠고리를 선물했던 바르셀로나 호세 아저씨까지 익숙한 분들이 많구나.

이곳은 이렇게 마주치고 또 헤어짐을 무한 반복하는 아주 재미있는 길이란다.

그리고 이 마을에 도착하기 전 아스팔트 옆 흙길을 걷는데 옆 나뭇잎 더미에서 계속 바스락거리는 소리가 나는 거야.
평소 같음 서서 한참을 살펴보았겠지만 바쁜 몸이라. 덕분에 엄마 앞을 지나가는 생쥐를 밟을 뻔했지.
그 바스락거리는 소리가 모두 생쥐라면 그곳엔 어마어마하게 많은 생쥐가 사나 봐.

딸아. 오늘 엄마가 길을 잃은 건 이유가 있다고 생각해.

이 길에선 기적 같은 일들이 많이 일어난단다.

엄마가 오늘 길을 잃도록 예정된 것이 아닐까?

그런데 무슨 이유로 길을 잃게 하셨는지는 아직 모르겠구나.

하지만 확실한 건 내일부턴 더 조심히 길을 찾아가겠지.

경험만큼 값진 건 없는 것 같아. 그렇지?

알베르게 도착하면 매일 순례자들은 좋은 햇볕에 빨래를 말린다.

21. 가지 못한 길

딸아. 엄마야~~

5월 15일 19일 차구나.

오늘은 26km를 가야 하는데, 엄마는 처음으로 목적지가 아닌 그전 마을인 렐리에고스(Reliegos) 20km 지점을 숙소로 정했지. 왜냐고? 어제 길을 잘못 가서 급하게 돌아가느라 무리한 탓인지 오늘 머리도 아프고 평소와 달리 너무 힘들었어. 물은 꼭 적게 가져온 날 부족하더구나.

이 마을도 겨우 도착했는데 남은 6km를 더 걸을 엄두가 나지 않았어. 이것도 신의 뜻이려니 하고 공립 알베르게에 들어갔는데 주인아저씨가 코리아에서 왔냐며 너무 반가워하시는 거야.

아저씨는 한국 사람보다 더 예쁜 글씨로 '부엔까미노 데 산티아고'를 한국말로 쓰고 자신의 이름도 이쁘게 한글로 쓰더구나.

아는 사람 하나 없는 이곳에 내려앉은 나는 기분이 좋아졌지.

그분은 "너무 좋아요, 빨래, 안녕, 잘 가요" 등 여러 한국말을 하실 줄 알더라고.

그렇게 체크인을 하고 지쳐 두 다리 뻗고 침대에 누웠는데 한국인 한 분이 방에 들어오더라고.

그분이 누구냐 하면 엄마가 어제 한마을에서 길을 잃었다고 했잖아. 그 잃어버린 길에서 볼일만 보고 나왔던 알베르게에 묵었던

한국 어르신인데 엄마가 길을 잃었을 때 다시 그 알베르게에 묵
으려다 안 갔거든.
근데 더 이상 다음 마을로 가지 못한 이 마을에서 또 그분을 뵙네.
그리고 늦은 시간 도착한 한국 젊은 남녀는 또 아는 사람이더라고.
참 재밌고 신기한 길이야.

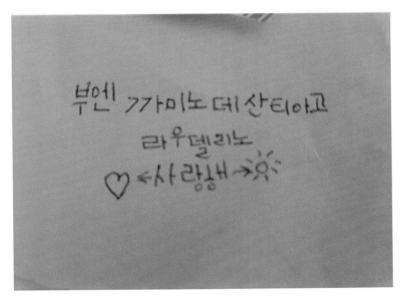

주인 아저씨가 쓴 한글

잃어버린 길

그리고, 오늘은 이곳 음식에 대해 말해 볼까.

여기 음식은 정말 간이 안 되어 있어.

엄마는 경상도 사람이라 단짠단짠을 좋아하는데 여기 음식들은 싱거워. 한마디로 건강한 음식들이지.

그래서 사실 한 끼 음식을 먹어도 만족이 되지 않아.

빵에 곁들어 먹는 싱거운 음식들.

하지만 그 덕분인지 세계 여러 나라의 많은 사람이 사용하는 화장실에 냄새가 안 나. 하하 그건 좋지? 순례자의 길이라 다들 제대로 못 먹고 다들 같은 음식을 먹어서 그런 것 같아.

신기한 건 이렇게 간이 안 된 음식을 먹어도 몸에서 간이 빠진 건지 한국 음식이 많이 생각나진 않아.

어제 도네이션에선 저녁 8시에 밥을 주는데 엄마는 점심도 굶고 그 시간까지 기다려 저녁을 먹었단다.

샐러드가 나왔는데 너무 맛있었어. 그다음 콩수프도 맛있는 거야. 당연히 다음 주메뉴가 있겠지 하고 기다렸는데 끝이라네. 이런.

그렇게 먹고 무리해서인지 그다음 날인 오늘 엄마는 이렇게 힘들었고, 신의 뜻에 따라 이 마을 알베르게에 온 것 같아.

여기서 또 새로운 사람과 대화하고 행복한 시간을 보내지.

역시 내가 머무를 곳이 아닌 곳에서도 또 다른 행복은 있구나.

일생을 살면서 계획에 없던 다른 길에도 또 다른 행복이 있다는 걸 너도 느낄 날이 오겠지?

22. 메세타(Meseta)여 안녕

딸아. 엄마야~~

20일 차 렐리에고스(Reliegos)에서 레온(Leon)까지 24.3km를 걸었어.

어제 도착 예정 마을 전 마을인 렐리에고스(Reliegos)에서 일찍 쉬었으나 오늘도 힘들긴 마찬가지구나.

딸아. 오늘 레온(Leon)에 도착하면서 계속 같은 풍경의 길을 수시간 걸어야 하는 메세타(Meseta) 지역은 끝이 났단다.

메세타(Meseta) 지역은 호불호가 갈리는데

계속 같은 평지를 걷는 게 지루해 버스를 이용해 건너뛰는 사람도 많고, 순례길 중 메세타(Meseta) 길이 가슴이 확 트이고 생각하고 멍때리기 좋다며 제일 선호하는 사람도 많단다.

엄마는 개인적으로 순례길은 한 군데도 놓치고 싶지 않을 만큼 다 좋아. 비 오면 비가 와서 잡생각이 안나 좋고 맑은 날은 풍경이 투명해서 좋고, 숲길은 숲길대로 흙길은 흙길대로 하물며 아스팔트 도로도 좋아.

내 발이 디디는 곳은 오롯이 나 자신과 마주할 수 있으니 이 까미노길은 한 군데라도 건너뛰고 싶지 않구나.

메세타(Meseta)는 하염없이 생각에 잠기기에 참 좋아.
계속 일자로 난 길을 멍때리며 한참을 가도 길을 잃지도 쉬이 끝
나지도 않으니 말이야.

엄마는 오늘 레온(Leon)에서 처음으로 혼자 잘 수 있는 숙소를
잡았어. 오랜만에 나에게 주는 이 선물이 너무 행복하구나.

134

어제는 생각지도 않은 마을에서 한국인들을 만났잖아.

그중 한국 어르신분이 그러더구나.

까미노는 빈부격차가 없고 남녀노소가 없다고.

그렇단다. 이 길의 또 다른 큰 매력이지.

돈이 많건 적건 표시도 나지 않을뿐더러 돈이 많건 적건 같은 침대를 배정받고 같은 대우를 받지

그리고 남자건, 여자건, 나이 많건, 적건 순서대로 모든 게 주어진단다.

이 길에선 나이 상관없이 친구가 되고 나이 상관없이 다칠 수 있단다.

엄마가 보기엔 노련한 어르신들보다 설익은 젊음으로 막 부딪히는 청춘들이 더 많이 다치더구나. 몇 킬로 더 가려다 하루 걷지도 못하고 쉬어야 하는 경우도 많지.

오늘 괜찮다고 너무 많은 길을 가면 그만큼 내일 힘들어진단다. 몸은 정직하니까.

어제 숙소 앞에서 굉장히 지쳐 보이는 외국 청년을 만났는데 글쎄 57km를 걸었다는 거야

보통 사람 이틀 걸을 거리인데 청년은 전날 자던 숙소에서 누가 코를 너무 많이 곯아 새벽 2시쯤 나와서 그때부터 걸었는데. 혼이 빠진 사람처럼 너무 힘들어하더라.

그 청년은 내일부터 조금씩 갈 거라고 하더구나.

이 길은 우리 인생 같아.

오롯이 자기 자신한테 집중하지 않으면 길을 잃고 다친단다.

길게 가야 한다면 천천히 서두르지 말고 주위도 한번 바라보며

가자.

그래야 뒤돌아보았을 때 후회가 없지 않겠니?

23. 행복하다

딸아. 엄마야~~
21일 차인데 오늘은 엄마가 이곳 레온(Leon)에서 하루 더 쉰다
고 했지?

어제 숙소에서 저녁에 그냥 눈물이 막 나더라.
걸을 땐 마냥 힘들다고만 생각했는데 몸과 마음에 여유가 생기니
까 몸이 그동안 참 서러웠나? 서럽게 눈물이 났어.

꿈도 엄마의 이 힘든 순례길을 대변해주더구나.
숙소에서 오늘 오전까지 있으면서 입에서 절로 행복하다는 말이
몇 번이나 나왔어.
힘든 여정 중 이런 나를 위한 소소한 선물은 큰 힘이 되는 것 같아.
너도 이 길을 걷게 된다면 지칠 때쯤 좋은 숙소에서 하루 쉬었다
가렴.

덕분에 발목 통증도 거의 없어져서, 오전에 숙소에서 나와 공립 알베르게에 왔는데,

이렇게 이른 시간 알베르게에 도착하긴 첨이야.

직원분이 엄마 나이를 물어서 41살이라고 이야기했더니, 25세로 보인다고 농담이겠지만 이런 이야기를 외국에서 두 번 들었는데 빈말이라도 감사하지. ㅎ

배낭을 알베르게에 놓고 어제 입었던 옷을 세탁해 널고 대도시에서 엄마가 해야 할 일들을 하러 나갔지.

가는 길에 다이소 같은 곳이 있어서 들어갔는데 정말 없는 게 없었지.

그동안 사지 못했던 지갑을 1유로에 샀단다.

다음으로 유심칩을 사기 위해 보다폰 가게로 갔지.

이름을 넣어서 번호표를 뽑고 40분은 기다린 것 같구나.

느리구나. 느려. 매사에 여유로운 이 스페인 사람들,

엄마 차례가 되었는데 유심칩이 8기가 밑으로는 없다고 해서 8기가를 15유로에 구매했지. 사실 정말 싼 금액이긴 하지. 근데 유심칩 하나 사는데 왜 그렇게 컴퓨터에 오래 등록하는지. 성격 급한 한국 사람은 힘들어.

다음으로 ATM기기에서 돈을 뽑으러 가는데 누가 엄마를 부르는 거야. 영어 잘하는 미국 회계사 한국 청년이었어. 그래서 오래 걸릴뻔했던 돈 뽑기를 한꺼번에 해냈지.

딸아. 정말 영어 하나 유창하게 배워두면 누구나와 친구가 되고 생활하기가 편해진단다.

이것으로 볼일은 마치고 숙소로 돌아와 낮잠 한숨을 자고 다시 나왔지. tiger이란 쇼핑몰이 있어 들어가니 별게 다 있네.

우리 딸이 통화할 때마다 "선물 몇 개 샀어? "라고 자주 물어보니까 순례자들이 물건을 버리는 순례길에서 엄마는 엄마라는 이름으로 가벼운 걸로 몇 개 샀지. 네가 행복해할 걸 생각하니 배낭 무게쯤이야.

이와 반대로 낮에 만난 미국 회계사 한국 청년은 다리가 아파 자신이 순례길 초반에 잘 가져왔다고 그렇게 자랑했던 헤어드라이어를 버리고, 하물며 일기장도 무거워 반을 잘라서 버렸다는데, 엄마는 갈수록 짐이 늘어나네.

하지만 엄마는 엄마잖아. 엄마라는 호칭은 어떠한 호칭보다 그 책임의 무게가 무겁고, 초능력적인 힘을 발휘하니 순례의 끝을 기약하며. 이겨내야지.

레온(Leon), 특히 오늘 불금. 정말 많은 인파가 주말을 즐기는구나. 이곳은 은근히 매력 있는 도시야.

내일부터 엄마는 다시 십자가 같은 배낭을 짊어지고 길을 걷는단다.

십자가라도 괜찮아. 나를 아는 모든 사람의 마음의 짐을 엄마가 짊어지더라도 그들이 행복했으면 좋겠어.

넌 지금 행복하니?

레온 둘째 날 내가 묵은 공립 알베르게 입구

24. 다시 걷고 걸으며(순례자 여권)

딸아. 엄마야~~

22일 차 5.18일 너희들 운동회 날이네.

오늘 너와의 통화에서 엄마가 없어서 경기를 많이 못 나갔다는 말을 듣고 참 미안했어.

우리 딸 초등학교 첫 운동회인데.

다음엔 정말 열심히 해줄게~~

오늘 22일째 레온(Leon)에서 산 마르틴 델 까미노(San Martin del Camino)까지 25.8km를 걸었어. 숙소에 도착하니 오후 1시 40분.

근데, 이틀 쉰 덕분에 엄마는 다시 정상적인 컨디션을 회복했단다.

그래서 죽을 만큼 힘들지는 않아서 많이 쉬지 않고 걸을 수 있었어

하지만 오늘은 매우 추워서 손이 시릴 정도였어

기온을 보니 7도네. 한국과 날씨가 비슷할 줄 알았는데,

이렇게 추워질 줄 몰랐구나.

중세시대 순례자 동상

오늘 알베르게는 평이 좋고 저녁이 맛있다고 해서 왔는데.

과연 엄마가 다녔던 공립 알베르게 등과는 분위기가 달라.

가정집 분위기야. 오늘 저녁은 7시에 준다니까 그때까지 과자나 먹으며 기다려야겠어. 기대되는구나.

알베르게에 도착해 침대에 커버를 깔고 입은 옷 그대로 침낭 안에 들어갔어. 추워서 아무것도 하기 싫네. 밖엔 바람이 많이 분단다.

딸아. 오늘은 엄마가 까미노길 도장 이야기를 해줄까?

우리가 걸었던 제주올레길도 패스포트에 구간마다 도장을 찍었던 거 기억나지?

여기 까미노 길에도 도장이 있는데 순례자 여권(Credsntial)이라는 여행자 수첩에 도장을 받는 거야.

우리가 올레길 패스포트에 도장을 다 찍고 완주증을 받았듯이 여기 순례자 여권도 완주증을 받기 위한 증거품인 거지. 까미노길 도장은 기본 알베르게 체크인할 때 무조건 찍어주고 각 마을 식당, 바에 가면 보통 도장이 다 갖춰져 있어.

도장을 많이 찍는 사람은 나중에 순례자 여권을 하나 더 구입해야겠지.

도장 모양은 다 달라서 도장 찍는 재미가 있단다.

CARNET DE PÈLERIN
DE SAINT-JACQUES

"Credencial
del Peregrino"

Délivré par :

Les Amis du Chemin de Saint-Jacques
Pyrénées-Atlantiques

39, rue de la Citadelle
F. 64220 SAINT-JEAN-PIED-DE-PORT
www.aucoeurduchemin.org - www.compostelle.fr

Cabildo de la Catedral de Santiago de Compostela

Pour obtenir à Saint-Jacques de Compostelle
"LA COMPOSTELLA", faites tamponner à chaque étape.

그리고, 엄마가 여기에 와서 들은 건데 유럽사람 중에는 집 대문 밖을 나서는 순간부터 순례가 시작된다고, 프랑스 파리 자기 집에서부터 걸어온 사람도 있고 예루살렘에서부터 일 년 넘게 걸어 이 길에 도착했다는 사람도 있는데.

각자 그들의 삶이지만 멋지다는 생각은 들어.

엄마는 비록 그렇게 긴 여정은 아니지만 지금 이 마을에 도착한 것만으로도 신께 감사해.

예전에 엄마가 매일 감사일기를 썼었는데 소소한 일에 감사하게 되더라고.

넌 오늘 어떤 감사할 일이 있었니?

내가 묵은 알베르게 외관

25. 사람과 사람(베드버그)

딸아. 엄마야~~

23일 차 어제 저녁밥은 정말 맛있었어.

한국식 찜닭 같은 음식이 나왔는데 외국인들도 다 맛있게 먹더라고. 외국인들도 단짠단짠이 좋은가 봐.

그리고 어제 한국인들 목소리가 들려 저녁 먹으러 나가보니 까미노 길에서 잘 없는 30, 40대 한국 여성분들이 있더라.

그들의 사연은 또 하나하나 특별하더구나. 그들과 함께 즐겁게 저녁 시간을 가졌어.

엄마는 보통 다른 순례자보다 늦게 걸어 마을 초입 알베르게에 갔지만 이렇게 또 다른 좋은 사람들을 만나니까 매일의 헤어짐을 아쉬워할 필요가 없나 봐.

그리고 다음 날 아침 주위 소리에 깨어 시계를 보니 오늘은 7시 11분인 거야. 보통 6시 이전에 일어났는데,

이런 적이 없는데 정말 이상했어.

더구나 오늘 아침은 5유로나 주고 먹는 알베르게 아침인데,

엄마는 일어나자마자 그대로 거실로 나가 뷔페식으로 차려진 음식을 먹었어. 배부르게 많이 먹었지.

그렇게 해서 처음으로 늦은 8시에 출발하게 되었단다.

오늘은 아스토르가(Asturica Augusta)까지 가는 여정이었어.

참 이쁜 마을을 지나니까 즐거웠고, 컨디션이 좋아져서 속도도 빨라졌지.

걸으며 오늘은 평상시와 달리 왜 늦게 일어나서 늦게 출발했을까? 분명 이유가 있을 텐데 하고 곰곰이 생각해보니 혼자 걸어가란 의미였던 것 같아.

만약 그 한국분들과 같이 출발했다면 무리하게 걸어 엄마는 또 발목이 아팠을 거야.

엄마는 아스토르가(Asturica Augusta) 공립 알베르게에서 침낭과 빨래들을 햇볕에 한참을 말렸어.

며칠 전부터 몸이 따끔거리는데 벌레가 있는 것 같아서 말이야.

이곳에는 베드버그라는 벌레가 있는데, 다행히 엄마는 큰 문제가 없었지만 심하게 물리면 퉁퉁 붓고, 가렵고 그렇다네.

155

아스토르가(Asturica Augusta)는 레온(Leon)과 비슷한 느낌으로 아름답고 기분 좋은 도시야. 이곳에서 또 어제 그 알베르게에서 봤던 한국 일행분들을 만나 밥도 먹고 사진도 찍고 즐거웠어. 다들 느낌이 좋은 사람들이셔.

세상엔 나쁜 사람보단 좋은 사람이 훨씬 더 많아.

우리 딸이 좋은 사람만 계속 만나면 더할 나위 없이 좋겠지만, 더 중요한 건 나쁜 사람들에게 덜 상처받고 지혜롭게 이겨내는 처세술이란다.

내면이 강한 사람이 되어야 해.

엄마는 하루하루 혼자 걸으며 내면을 견고하게 다지고 있는 것 같아.

이런 시간을 가질 수 있는 장소 중에 순례길만큼 안전하고 편하고 저렴한 곳은 없다고 생각해.

너도 이 길이 궁금하지 않니?

기부금제로 운영되는 포장마차 같은 쉼터

26. 발길이 머무는 곳(한국인 신부님을 만나다)

딸아. 엄마야~~

24일 차. 오늘은 아스토르가(Asturica Augusta)에서 라바날 델 까미노(Rabanal del Camino)까지 20km 정도의 여정이야.

엊그저께 처음 만나 어제까지 함께 보낸 한국 여성분들과는 오늘 헤어졌어. 그분들은 다 목적지가 같고 엄마보고 함께 가자고 했지만 엄마는 엄마의 일정대로 라바날 델 까미노(Rabanal del camino)에 머물기로 했거든.

이곳은 한국인 신부님(베네딕토수도회 인영균 끌레멘스 신부님)이 계신 곳으로 유명하단다.

엄마도 우연히 인터넷에서 보게 되어 이 마을로 왔는데 신부님이 계시는 수도원 피정 집은 자리가 없어 그 옆 도네이션에 왔어.

도네이션에 도착하니 또 순례자들이 줄을 서 있네.

엄마가 이른 시간 도착한 것도 아닌데 신께서 항상 이 한 몸 누일 자리는 내어 주셔서 너무 감사해.

무거운 배낭을 내려놓고 줄을 서 있으면 다 외국인이고 자기네들
끼리 대화를 한단다.
그럴 때면 살짝 뻘쭘하기도 한데 막상 숙소 안에 들어가 보면 한
국인이 꼭 있어.

또 도네이션이 좋은 건 근무하시는 분들이 대다수 매우 친절하단다.
순례자들을 위해 봉사하시는 거지.
이곳은 샤워실에 매우 따듯한 물이 나오고 넓고 다목적실엔 장작
도 피워준단다.
엄마가 나무 타는 냄새 너무 좋아하잖아.
따스한 모닥불 불꽃과 냄새는 엄마를 행복하게 해주네.
비록 옆에는 외국 할아버지가 일기를 쓰시고 다 외국인뿐이지만
어떨 땐 아무도 아는 사람 없을 때 진정한 자유를 느낄 수도 있지.

CAMINO DE SANTIAGO

RABANAL DEL CAMINO

Plano Rabanal del Camino

INFORMACIÓN TURÍSTICA
902 203030
www.turismocastillayleon.com

그런데, 딸아. 엄마는 여기서 잠시 멈춰야겠어.

신부님을 만나고 이야기를 나누면서 신이 나를 여기에 잠시 멈추도록 이끌어 주셨구나 하는 걸 느꼈어.

신부님이 말이야.

생장(Saint-Jean)에서 부르고스(Burgos)까지는 몸의 길이고 부르고스(Burgos)에서 이곳 라바날 델 까미노(Rabanal del Camino)까지는 마음의 길이고 지금부터는 영혼의 길이래. 그러기 위해서 여기서 잠시 멈춰야 한대. 그러면 신과 내가 합쳐져 시너지 효과를 내어 날아갈 정도가 된데.

그리고 신부님이 순례길의 역사에 대해 말씀해주셨어.

이 길은 야고보가 걸었던 길이 아니고 이 길은 예수님의 제자인 야고보 님의 성묘 가는 길이래. 모든 순례자의 목적지가 야고보가 묻힌 산티아고 데 콤포 스텔라(Santiago de Compo Stela) 성당을 가는 길이라면서 그 야고보에 관해 설명을 해주셨지.

엄마는 교회에서 세례를 받았음에도 너무 많이 몰랐어.

예수님이 열두 제자 중 가장 사랑한 제자가 야고보, 요한, 베드로라네. 여기에서 좀 더 머물면 성경 공부될 것 같네.

그리고 신부님은 약간 괴짜 같으시지만 재밌으시고 말씀도 정말 잘하셔. 은혜받는 기분이랄까.

마을 안 모습

저녁 7시 도네이션 바로 앞 성당에 미사를 보러 갔어.

신기하게 엄마가 순례길에서 본 성당중에 제일 초라해 보이는 성
당인데 순례자들로 의자가 꽉 차서 자리가 모자랐지.

나중에 그 이유를 신부님께 여쭤봐야겠어.

그리고, 내일 멈추어 신부님의 순례길 성경 이야기를 더 듣고 알
려줄게.

너도 지금 잠시 멈춰보는 건 어때?

27. 멈추면 보이는 것들
(순례길의 유래)

딸아. 엄마야~~

25일 차. 어제 저녁 9시 30분 미사를 보고 오늘 아침 도네이션에 근무하시는 성실한 노인 두 분께 한국에서 가져온 열쇠고리를 선물로 드리고 아침 07시 30분 성당 미사를 본 후 같은 마을 다른 알베르게로 배낭을 옮겼어.

이 도네이션은 다른 순례자들을 위해 하루 이상은 머무를 수 없다는구나.

엄마는 여전히 이 라바날 델 까미노라바날 델 까미노(Rabanal del Camino)에 머물러있단다.

어제 신부님이 엄마와 첫 만남에서

"여기 왜 왔어, 어떻게 알고 왔어"하는 강하고 재밌는 첫인상을 주셨고, 오늘 여러 한국인 순례자들을 만나 이야기를 나누는 자리에서 엄마에게 "왜 신부한테 카톡해서 방 있냐고 물어보고 점심시간에 전화하고 도대체 그 용기는 어디서 났어요?"하는데 장난으로 툭 던지시는 말 같지만 깊이 있으신 분 같았어. 신부님이라고 진지한 소리만 하면 재미없잖아.

여기 엄마는 지금 멈추어 있지만, 하루가 바쁘구나.

아침 7시 30분에 미사, 오전 11시에 신부님 이야기, 오후 4시 30
분 신부님 이야기, 저녁 7시 미사, 저녁 9시 30분 저녁 기도. 바쁘
지

신부님은 "이 길에선 있는 그대로를 보여줄 수밖에 없다."

"내려놓아야 한다. 욕심을 버려라."라고 하시네.

이곳 마을에서 머물렀던 알베르게 외관

그리고 성경 이야기 더 해줄까?

이 길은 야고보가 사형 당한 이후 기원전 7세기, 통일신라시대
쯤 만들어졌데.

성 야고보는 예수님이 부활하셔서 제자들을 찾아가 세상 끝까지
복음을 전하라고 하니 단순 소박한 야고보는 그 당시 자신이 있
던 예루살렘에서 서쪽 땅끝 이곳 순례길에 있는 갈리시아주로 와
서 복음을 전파했지만, 복음에 실패하고 고작 2명의 제자만 데리
고 다시 예루살렘으로 갔데.

예루살렘으로 돌아온 야고보는 예수님 제자 중 처음으로 체포되어 목이 잘려 사형당했는데 죽기 전 제자 두 명에게 자신의 유해를 갈리시아에 묻어 달라고 했고 제자들은 그렇게 한 후 박해를 당해 갈라시아에서 순교.

이 두 제자의 유해는 야고보 유해의 오른쪽과 왼쪽에 묻혔데.

313년에 종교 자유를 내세운 황제가 예수님의 제자들 무덤 위에 성당을 짓도록 했는데 야고보가 묻힌 곳은 이후에도 900년 동안 못 찾아냈지.

그러다. 711년 이슬람이 스페인을 쳐들어오고 대다수 스페인이 점령당하고 813~825년 사이 마지막 남은 지역의 스페인 수도사가 꿈에 계시를 받아 밖에 나가니 하늘에 수많은 별이 반짝였고 이 사실을 주교님께 이야기하고 기도하니 별이 움직이며 인도하더래.

그리고, 별이 멈추어 비추는 자리를 파보니 야고보의 유해가 있었단다.

그래서 이곳 순례자들의 목적지인 '산티아고 데 콤포 스텔라'는

'Santiago(성 야고보) de(~의) Compo(들판) Stela(별)'

별이 쏟아지는 들판의 성 야고보란 뜻의 지역 이름이 된 거래

그리고 그 유해 위에 성당이 세워진 거지.

엄마가 이 길을 걸으며 누구도 이 길의 의미를 제대로 아는 사람이 없었어. 지금이라도 알고 걸으니 너무 행복해.

이틀을 여기 머물며 아는 사람들과는 모두 헤어지고 느린 것 같지만. 더 좋은 분들을 만나고 더 행복해지고 있어.

대다수 사람은 일정에 쫓겨 서둘러 목적지까지 간단다. 마치 그렇게 하지 않으면 큰일이 날 것처럼.

하지만 그 대다수 사람과 다른 식으로 간다고 해서 틀린 게 아니야. 다를 뿐이지.

틀린다는 것과 다르다는 의미를 잘 안다면 멋지겠지?

우측 한국 신부님

28. 조가비를 아시나요?(조가비 유래)

딸아. 엄마야~~

5. 22. 26일 차. 오늘로써 3일째 라바날 델 까미노(Rabanal del Camino)에 머문다.

어제 갈까 하다가 신부님이 "더 머물러라"고 하셔서 엄마는 하루 더 남았는데, 신부님은 다른 분들에게도 "좀 더 있어라"라고 말씀하셨지만 대부분 자신들의 일정대로 떠나더구나. 그래서 엄마는 새로운 한국인들과 남게 되었단다.

그래도 엄마는 일정을 넉넉히 잡고 와서 마음이 급하지 않고 편해서 참 좋아.

이 마을 성당에 순례자들이 많은 이유는 국적이 다른 신부님 셋이나 축복을 해주시고, 역사적으로도 유명한 곳이래.

이 성당은 12세기에 세워졌는데, 성 프란시스코 성인이 순례길을 걷다가 기도를 하신 장소였데. 이런 역사를 알고 나니 이 작고 허름한 성당이 예사롭게 보이지는 않고 나의 마음에 위안을 주는 것 같다.

국적이 다른 신부님 3분이 미사를 집도하신다

이곳에 머무니 이런 이야기를 들려줄 수 있구나.

어제 이야기했지, 이슬람 세력이 스페인을 거의 점령했다고.

그런데 스페인 수도사가 꿈에 계시를 받고 야고보 성인의 무덤을 찾았고 이후 야고보 성인이 백마를 타고 손에 칼을 든 채 발현하셔서 용기를 얻은 스페인군이 기적적으로 이슬람군을 이겼는데.

800년 가까이 스페인은 이슬람의 통치 아래에 있어서 이슬람 문화가 많이 남아있는데.

그리고 순례자들의 가방에 조가비(조개)가 달린 것 알지?

그걸 왜 다는 줄 아니?

여기 땅끝 갈리시아주에는 조개가 정말 흔하단다.

그래서 순례길을 완주한 사람들에게 순례자 증표로 나눠주기 시작했는데 그 사람들이 마을로 돌아가 아는 사람 중에 다시 순례길을 걷는 사람에게 주어 그 사람들이 그 조가비를 달고 걸으면서 유래되었는데.

그리고 이 조가비에 영적인 의미까지 부여되어 이 조가비를 뒤집으면 사람 손을 펼친 모양인데, 빈손으로 도착해서 그 펼쳐진 손에 주님이 은총을 내려 주신데.

엄마는 처음 생장(Saint-Jean)에서 순례길 등록을 하며 그 사무

알베르게 앞에 있는 야고보 성인 동상

실에서 조가비 하나를 사고, 라바날(Rabanal)의 신부님 선물 가게에서 하나 샀는데, 네가 산티아고길을 걷는다면 너의 배낭에 달아줄게. (이 조가비가 순례길에서는 구하기 쉽지만, 이 길을 벗어나면 구하기가 어렵더구나)

그리고 예수님 열두 제자의 십자가 모양이 다 다른 걸 아니? 여긴 야고보의 성묘 가는 길이잖아. 그래서 조가비에 야고보의 십자가 모양이 찍힌 게 있는데 붉은색 십자가이고 끝이 칼처럼 뾰족해. 야고보가 이슬람을 물리칠 때 칼을 들고 발현해서 그렇게 되었데.

딸아. 엄마는 멈추었기에 더 많은 선물을 받은 것 같아.

이곳을 잘 모르고 지나간 사람들이 안타깝고 엄마는 정말 축복받은 사람이구나 하는 생각이 들어.

근데 이제 떠날 때가 된 것 같아.

까미노 이 길은 본인의 의지대로 되는 길이 아니래.

온전히 받아들이고 이끄는 대로 가야 한대.

엄마가 떠나는 것은 신의 의지라 생각한다.

다시 엄마랑 남은 영혼의 길을 걸어보지 않을래?

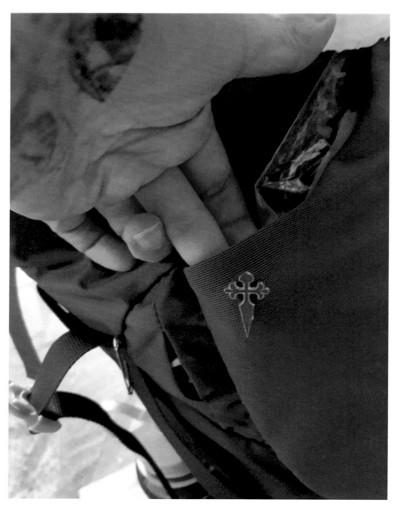

야고보의 십자가

한국인 신부님이 거주하시는 성당 맞은편 수도원.
라바날에서부터는 '영혼의 길'이라고 한다.

29. 날것인 나를 껴안아라.

딸아. 엄마야~~

5.23일 27일 차구나.

오늘부터 엄마는 다시 걸었단다.

아침 07시 30분 아침기도를 마치고 신부님의 마지막 이야기를 듣고 축복의 기도를 받은 뒤 25km의 여정을 떠났지.

그런데 역설적으로 배낭은 더 무거워졌는데 발은 더 가벼워졌어. 신부님의 기도 덕분인지.

하지만 오늘 길은 내리막이 7km로 매우 힘든 길이지. 엄마도 만약 3일 쉬고 축복을 받지 않았다면 끝 마을까지 가지 못하고 다른 마을에서 잤을 거야.

오늘 신부님의 마지막 말은

"까미노 길을 마치고 나면 이 길은 가짜 까미노 다.

진짜 까미노는 집으로 가서 현관문을 열면 나만의 진짜 까미노가 시작된다."라고 하셨어.

그 의미를 엄마는 알 것 같고 엄마만의 까미노 길을 찾을 거야.

그리고 엄마도 이 까미노 길에선 화장하지 않은 민낯이거든. 여긴 능력, 직업, 외모, 돈으로 포장을 할 수 없는 길이야. 사람들이 모두 민낯으로 마냥 웃으며 인사를 하지. 이 까미노 길에서만 가능한 일이야.

어제 신부님이 "이 길에선 몸의 한계를 받아들여라."

"이 길은 나의 의지대로 되지 않으니 온전히 받아들여야 한다"라고 하셨어.(이 신부님은 훗날 2021년 코로나를 뚫고 귀국하셔서 경북 칠곡에 있는 성 베네딕도회 왜관 수도원에서 다시 만난단다)

오늘 길이 한라산 영실코스 비슷한 아름다운 곳이지만 몸은 힘들
다고 말을 하네. 몸의 말에 귀를 기울여야 해.
아니면 이 길의 목적지인 산티아고에 도달하지 못할 수 있으니.
엄마는 오늘 좋은 몸 상태로 늦지 않게 몰리나세까(Molinaseca)
까지, 왔어.
자신의 한계를 온전히 받아들인다는 건 쉽지 않아. 그렇지?

철의 십자가 아래에는 이렇게 소원을 적은 돌들이 있다. 나도 돌에 소원을 적었다.

철의 십자가는 소원을 들어준다고 한다

30. 용기의 무게

딸아. 엄마야~~

오늘 28일 차. 까까벨로스(Cacabelos)까지 24.3km를 걸었어.

시작처럼 외롭지도 지루하지도 않지만, 여전히 20km가 넘는 길은 힘들어.

하지만, 신과 함께 하는 이 길은 진짜 라바날(Rabanal) 전후로 나뉘는 것 같아. 지금은 온전히 신께 맡기며 걷는단다.

신은 곳곳에 천사와 선물을 숨겨놓고 있다는 걸 순례자라면 누구나 느낀단다. 그렇게 걷고 걷다 지쳐 쉬어야겠다 싶을 때쯤 가죽으로 직접 만든 액세서리를 파는 외국 분이 있는 거야.

엄마는 쉬어야 한다는 것도 잊은 체 한참 구경했지.

너무 이쁜 거야. 가격도 저렴해서 가죽으로 만든 팔찌 두 개를 샀어. 하나는 엄마, 하나는 아빠. 넌 아직 어리니까 다른 걸 사줄게.

그리고 숙소에 거의 다 와 갈 때쯤 지친 엄마 앞에 체리를 파는 아저씨가 있네. 체리 한 봉투에 고작 1유로. 반짝반짝 너무 이쁘고 맛있는 체리를 먹으며 숙소까지 왔지.

근데 이 공립 알베르게는 특이해.

2인 1실이야. 엄마는 혼자잖아 그러니까 엄마랑 슬로베니아 아줌마가 같이 자게 되었어.

좋은 분인 것 같아.

이날 내가 묵은 알베르게 모습

2인 1실 알베르게 안 모습

아참! 엄마가 너에게 51년생 어른 이야기 안 했지?

엄마랑 며칠 계속 같은 알베르게에 묵은 한국 여자 어르신인데 51년생이셔. 외할머니와 할머니도 51년생이시잖아. 이분은 영어도 못 하시면서 종이 지도 들고 혼자 오신 거야.

물론 건강하셔서 보통 사람보다 잘 걸으시지만, 그 용기에 엄마는 너무나 놀랐어.

엄마 나이에도 대단하다 용기 있다고 생각했는데 용기에 무게가 있다면 저울은 그분 쪽으로 확 기울겠지.

그리고 더 대단한 건 엄마가 저번에 길을 잃어 다른 길로 가서 다시 올바른 길로 간다고 고생했잖아.

사실 그 길은 까미노 길의 또 다른 길이지 완전히 방향을 잃은 건 아니었어.

까미노 길은 그렇게 나뉘었다가 다시 만나는 길들이 있는데 보통 그런 길은 순례자도 거의 없고 길이 길어서 잘 가지 않아.

근데 51년생 그 여자 어른은 그런 조용한 길 위주로 걸으신다는 거야.

도대체 그 자신감과 그 용기가 어디서 나오는지.

엄마는 도저히 가늠되지 않는구나.

하지만 그런 분을 만나면서 더 큰 용기를 얻었고 진짜 세상에 간절함만 있으면 못 할 일이 없구나, 하는 걸 다시 현실에서 실감했어.

엄마는 이 까미노 길에서 신이 엄마의 기도를 들으시고 기적처럼 외할머니가 산티아고에 가겠다고 하셨으면 좋겠어. 그럼 외할머니의 삶도 더 의미 있고 행복해질지 모르는데.

너도 무슨 일이든 용기를 내어 보렴. 세상은 너무나 넓고 재미있는 곳이란다. 훌쩍 떠나보지 않을래?

Cacabelos

Un alto en el camino

31. 인연

딸아. 엄마야~~

5. 25일 토요일 28일 차 걸었어.

오늘 지나온 길에 '스페인 하숙'을 촬영한 곳도 지났는데 엄마는 그것도 모르고 그냥 지나쳤네.

준비성 없는 건 어쩔 수 없나 봐.

그곳에서 너희 아빠와 너랑 통화하며 아무 생각 없이 마을 성당 앞에 있다가 51년생 어머니를 만나는 바람에 그냥 그 마을을 지나왔어. 그리고 걷다 보니 그 어머님이 그 마을이 '스페인 하숙'이라고. 엄마는 그 마을 간판만 뒤돌아 한 번 보고 돌아섰지.

알베르게에서 동키서비스를 기다리는 배낭들

딸아. 이곳에서 배낭은 자신의 십자가이고 배낭의 무게는 자신이 책임져야 하는 의무라고 엄마는 생각해.

물론 나이나 건강상 이유로 동키(배낭을 원하는 곳까지 옮겨주는 서비스)를 하는 건 당연히 그리해야 한다고 생각해. 고집부리고 무리하면 목적지까지 가지 못할 수도 있으니.

하지만, 그 배낭의 무게를 견디며 걷는 그 고행길 속에서 행복을 느낄 수 있단다.

어차피 쉬운 길이 아님을 알았다면 그 고난 속에서 행복을 찾아야지.

마냥 행복하고 편하다면 또 다른 행복을 찾을 수 있을까?

오늘은 베가 델 발까르세(Vega de Valcarce)까지 왔어.

근데 51년생 어머니하고 함께 왔는데 엄마가 가려던 도네이션 알베르게가 마을 초입에 있었어.

이건 아닐 거야 하며 지나쳤지, 오늘은 이상하게 앱에서 알려주는 곳과 달라서 마을 안까지 헤매는 바람에 약 2km를 더 걸었단다.

하여튼 다시 마을 초입에 자리가 있을까 하고 왔는데 웬걸 자리가 많은 거야. 가만 보니 엄마뿐만 아니고 많은 사람이 잘못된 정보로 이곳을 못 찾는 것 같아. 덕분에 이곳은 여전히 순례객들이 오지 않네.

더군다나 이곳에서 일하시는 분이 브라질분인데 맛있는 저녁 식사를 해주신다고 하시네. 왠지 굉장히 맛있을 것 같아.

딸아. 저녁 식사때 이야기를 해줄까?

오늘은 이곳 숙박객이 엄마 포함 7명이야 6명이 한국인 1명이 일본 아가씨. 도네이션 봉사자는 브라질 남자분.

식사는 강낭콩 수프와 고기, 콩샐러드, 밥 그리고 와인.

가족 같은 분위기로 너무 잘 먹었어.

그 남자 봉사자가 어제 14명이 와서 숙소가 가득 차서 힘들었다고 오늘은 7~9명까지 와달라고 신께 기도했데. 신께서 들어주신 거야. 근데 더 재밌는 건 어젠 동양인이 한 명도 없었데.

참 신기한 까미노 길이지?

엄마는 오늘 51년생 어머니가 엄마보고 자기 딸이라고 하시는데 이렇게 맺어주신 인연에 감사한다.

이렇듯 우연이 인연이 되니까 너를 스쳐 가는 사람들에게 좋은 느낌으로 남으면 좋겠지?

내가 묵은 알베르게

902 197 197
www.correos.es

CAMINO DE SANTIAGO
PATRIMONIO DA HUMANIDADE

Hi. Holla.

어기는 스페인 갈라시아주 폰프리아라는

작은 마을의 알베르게란다.

엄마는 이제 151km 정도만 걸으면

산티아고에 도착해. 한 7일 정도만

걸으면 된단다. 준헌. 주헌. 효인아

너무나 보고. 사랑한다.

우리 아이들 정말 사랑해. 선물 많이

사갈께. 사랑하는 남편 고마워.

우리 가족 정말 사랑해 — 순례길에서 엄마가

amiño de Compostela ao paso por Melide. Rio Catasol.
amino de Compostela a su paso por Melide. Rio Catasol.
James's Pilgrimage Route through Melide. Catasol River.

© Todos os dereitos reservados, impreso na U.E.
Fotografía Xan G. Muras. D.L. C 216-2018
www.tribaldes.com | 629 740 273

To.
102ho. 6293. Iljindong
Pyoseon-myeon. Seogu
Jeju-do. Sauth of Ko.

From.
Calle Camino do Santiago
Fonfría(San Xoan)27527. 기기

TRIBALDES
EDICIÓNS

Albergue A Reboleira

32. 이유

딸아. 엄마야~~

29일 차. 일요일이지? 오늘은 23.8km,를 걸어 폰프리아 (Fonfria)까지 왔어.

거리는 짧은 듯한데 계속 오르막, 평지, 오르막을 반복해서 힘들었단다. 하지만 숲길이라 좋긴 했어.

책이나 앱에서 왜 여기 구간을 짧게 끊어 놓았는지 알겠더구나. 힘들어서였지.

그래서 알베르게 도착하니 거의 4시가 다 되었더구나.

지금까지 중 가장 늦게 도착한 시간이야.

그래도 오늘은 오세브레이로(O Cebreiro)에서 성체 기적이 일어났다는 성당도 가보고 그곳에서 유명하다는 뽈뽀(문어)요리도 먹어보았지.

그렇게 다 즐겨서 늦었나 싶기도 해. 마지막 오르막 구간에서는 오늘 거리 계산을 잘못했구나 싶었어. 만약 엄마가 혼자 걸었다면 3km를 더 가지 않고 그 마을에서 잤을 거야. 같이 가신 어머님이 배낭을 동키로 다음 마을에 맡기셔서 어쩔 수 없이 목적지까지 갔단다.

오르막을 다 올라가는데 우리를 보고 "여긴 별천지에요"하는 소리가 산 위에서 들리는데 어제 알베르게에서 함께 숙박한 이태리 사는 한국 언니였어. (남편이 이태리 사람이야)

역시 힘듦 뒤에 느끼는 코카콜라 한잔의 여유가 더욱 행복을 느끼게 하네.

오르막길이 이렇게 가파르다

206

오늘은 드디어 세상의 끝이라는 갈리시아(Galicia)주에 들어왔어. 지금까지는 내가 걸어온 Km가 표시되었는데, 여기서부터는 산티아고까지 남은 Km를 나타내주는 표지석이 나온단다.

도착하면 그 표지석엔 0Km라고 표시되겠지. 숫자가 적어질수록 기쁨이 아니라 아쉬움이 남는다. 이 길을 걷지 못한다는 게 슬퍼. 이 길을 걷는 대다수가 그렇게 생각할 거라 믿어.

그 뒤 더 걸어 알베르게에 도착했어

이 알베르게에는 우체통이 있더구나. 너무 신기해서 알베르게에서 엽서를 사서 너희들에게 엽서를 붙였지. 우푯값이 1.25유로였던 것 같아.

이 산티아고 순례길의 엽서를 한국에서 받아보렴.

CAMIÑO DE SANTIAGO
THE WAY OF ST. JAMES
MELIDE

그리고 엄마가 또 재밌는 이야기 해줄까?

이틀 전 라바날(Rabanal)에서 3일이나 묵었잖아. 3일째 되는 아침에 누가 화장실에 한국말로 된 클렌징폼을 놔두고 갔더라고.

이건 주님의 무슨 뜻이지? 내가 필요한 줄 알고 주신 건가 하며 주인을 찾아도 없길래 무거운 그 물건을 배낭에 넣고 이틀을 걸었었어.

그리고 엊그저께 공립 알베르게에서 라바날(Rabanal)에서 알던 한국인 부부와 함께 점심을 먹는데 그 언니가 그 숙소에 클렌징폼을 놔두고 왔다는 거야.

결론은 주님이 그 언니를 너무 사랑하셔서 엄마를 통해 찾아주신 거구나 싶었어. 하하

모든 일에는 이유가 있는 것 같지?

오세이브로 기적의 성당에서 소원을 적었다

폰프리아에서 묵었던 알베르게 저녁 식사 모습

33. 기적의 길을 걸어

딸아. 엄마야~~

30일 차. 어제 숙소에서 저녁을 먹는데 흥겨운 노래가 나오니 외국인들이 흥겨워 춤을 추고 해서 즐거웠어.

그리고 오늘 아침 세수를 하기 위해 화장실 세면대에 썼는데 세면대 메이커가 'gara'라고 되어 있는 거야.

어제는 보지 못했는데 신기해서 속으로 '가라 안 해도 갈 텐데. 그래 갈게' 그러고 말았지.

오늘은 엄마가 걸은 순례길 중 먼 거리에 속하는 27.5km를 가는 날이야. 근데 신기하게 날씨가 흐려 너무 걷기가 좋은 거야. 그래서 많이 지치지 않고 어제보다 더 일찍 사리아(Sarria) 숙소에 도착할 수 있었어.

그리고 숙소는 창밖에 성당이 바로 보이는 좋은 곳이야.

알베르게 내 방 창밖 성당이 보인다

걸으며 그런 생각이 들더라. 신께서 가라고 하신 이유가 있구나. 다 마련해 놓으셨구나 싶었어.

오늘 길도 어제 비슷하게 오르내리는 길이었지만 숲 오솔길 같은 길이라 너무 좋았어. 이런 길 또한 순례자에게 힘을 주고 지치지 않게 해주지.

오늘도 엄마는 이 길에서 만난 51년생 어머니와 함께 이 길을 걷는다. 누구보다 혼자 꿋꿋이 걷던 엄마인데 산티아고 길이 다 끝날 때쯤 뜻하지 않은 동행자를 만났어. 이것 또한 신의 뜻이라 생각한다. (이분과의 인연은 현재도 계속되고 있지)

오늘 이후 일정을 더 순탄하게 늦춰 일요일에 산티아고에 도착할 예정이야.

내일부턴 그렇게 무리한 일정은 없으니 더 천천히 이 산티아고 길을 마무리할 생각이다.

오늘부터는 산티아고까지 남은 km을 나타내어 주는 표지석 거리가 더 짧아졌어. '너희가 걸어갈 길은 이것밖에 남지 않았으니 깨달아라.' 라고 그러는 것 같애.

그리고 엄마가 하룻밤 지낼 사리아(Sarria)란 마을은 이 마을부터 산티아고까지 가도 완주증을 주니까 이곳에서부터 순례길을 시작하는 사람들 때문에 항상 사람이 많은데 엄마가 오늘 도착하니 이곳은 조용한 거야.

이틀 전만 해도 사리아(Sarria)에 먼저 도착한 사람이 여기에 한
국 사람 엄청 많다고 했거든.
라바날(Rabanal)에서 3일 쉬고 나니 정말 여러 가지 선물들을
주시네.

마을을 지나다보면 이런 묘지들이 많다

218

딸아. 이제 산티아고까지는 111km 정도 남은 것 같아.

줄어드는 길만큼 널 만날 시간도 짧아지네.

이 길을 걸으며 가장 많이 한 말은 '감사합니다'일 거야.

어느 곳에서나 이렇게 감사한 삶을 살고 싶어.

이 길의 끝엔 목적지인 산티아고 데 콤포스텔라(Santiago de Compostela) 성당이 있다. 목적지가 있기에 우린 순례자이다.

목적이 없이 길을 걷는 사람은 방랑자다.

그리고 진짜 나의 까미노는 나의 집에서 시작된다.

이 길의 끝 0km에서 또다시 내 삶을 시작하고 싶다.

넌 다양한 경험 속에서 단 하나의 목적지를 찾기를 바래.

응원해줄게. 맘껏 목마름을 찾아 떠나 볼래?

34. 점점 다가온다.

딸아. 엄마야~~

5.28일 벌써 31일 차구나. 오늘도 투덕투덕 길을 걷는다.

남은 거리를 나타내는 표지석은 더욱 자주 보이고 이젠 한 발자국 한 걸음이 아쉽다.

다시 마지막 남은 여정을 조용히 걷는다.

다시 나에게로 돌아와 나를 바라보며 나에게 이야기하며 걷는다.

그러다가 문득 '이 길은 가짜야. 특별한 의미를 생각하지 말자' 하며 또 걷곤 해.

근데 표지석은 잔인할 정도로 자주 있구나.

그리고 '사람 한 걸음 한 걸음이 이렇게 빠르네' 하는 걸 느낀단다.

오늘은 이 길에서 뜬금없이 나타나는 길가 십자가에 대해 말해줄까?

레온(Leon)을 지나며 좀 줄어든 것 같지만 이 길가엔 십자가가 꽤 많단다. 엄마도 처음엔 그게 무엇인 줄 몰랐는데 신부님 말씀이 이 길을 걷던 순례자가 죽은 장소래.

그래서 가만히 그 십자가를 보면 사진이 있을 때도 있고 묘비명이나 이름, 날짜 등이 새겨져 있단다.

그렇게 죽은 이의 장소가 표시된 것이 80년대 이후부터래. 그러니 그전에 죽은 사람들은 표시도 못 할 만큼 많았을지도 몰라. 중세시대 순례자들은 지금보다 더 악조건에서 생명을 담보로 이 길을 걸었을 테니.

이번 순례길에도 용서의 언덕쯤에서 외국인 할아버지가 심장마비로 돌아가셨데. 그럼 그 자리에 그분의 십자가가 세워지는 거지.

225

남은 거리가 짧아지는 만큼 이곳은 삭막해지는 것 같아.

끝이 아름다워야 하는데 갈리시아(Galicia)주에 들어서니 알베르게를 비롯해 모든 물가가 비싸지고 시설도 열악하구나.

오늘 처음으로 문이 없는 샤워실에서 샤워했어. 왠지 샤워하기가 싫더라니.

초심을 잃기 싫은 엄마는 내일부터 더 열심히 기도하며 걸어야겠다.

모든 것은 자신의 마음에서 시작되니까.

이 까미노 길은 나만의 길이잖아.

어느 누구도 대신해줄 수 없는 나의 길.

35. 혼돈

딸아. 엄마야~~

32일 차 엄마가 생각했던 날짜에 얼추 맞추어 도착하겠구나.

이 길을 걸어보면 생장(Saint-Jean)에서 산티아고까지 자기 배낭을 메고 매일 오롯이 두 발로 이 길을 모두 걸어 목적지에 도착한다는 건 신에게 허락받은 사람들만의 특혜라는 걸 깨닫는다.

그래서 배낭의 무게에 책임감을 느끼며 목적지까지 60km 정도 남겨둔 엄마가 자랑스러우면서 이 길을 함께 걸어주신 신께 감사해.

이틀 전부터 까미노 길은 제주도 한라산 자락의 올레길과 너무 닮았어. 그래서인지 올레길을 걸으며 너무 많은 사진을 찍은 탓에 사진을 덜 찍게 되네.

까미노 길 초반에 만났던 사람들은 대다수 목적지인 산티아고에 도착한 것 같아.

이 마지막 길에서 엄마는 잠시 혼란스럽다.

내가 맞게 가고 있는 건지, 이렇게 가는 게 맞는 건지

신이 나에게 무엇을 바라는 건지.

정답이 없는 이 길에서 목적지는 다 와 가는데 흔들리는 이것은 무엇일까?

오늘도 26.1km 걸어 팔라스 데 레이(Palas de Rey)란 마을에 왔건만 순례자들을 위한 값싸고 친절한 마을은 다 어디 가고 공립 알베르게 시설은 순례자들을 밖으로 내몰고 식당 음식은 비싼 편이네.

마지막 길에 목적지를 맞이하는 순례자들은 더 조용히 편안하게 이 길을 마무리하고 싶을 텐데 순례자에게 참 팍팍한 곳이 갈리시아(Galicia)주 인 것 같아.

하지만 그래도 이 길은 산티아고 순례길이잖아. 어쩜 이런 것도 있고 저런 것도 있으니 다 느껴보라고 주신 기회일지도 몰라. 이 길은 내가 선택한 나의 까미노 길이니까. 나를 힘들게 할 수 있는 건 나밖에 없어.

힘든 일, 슬픈 일 모두 내 머릿속에서 만들어낸 대본일지 몰라. 생각만 바꾸면 아무 일도 아닐지 모르지.

내일은 깜깜한 새벽에 출발할까 해.

스페인의 검은 밤하늘에 하얗게 반짝이는 별은 정말 아름답다는 구나.

넌 칠흑같이 어두운 하늘에 선명하게 반짝이는 별을 본 적 있니?

36. 나란 사람

딸아 엄마야~~

이제 곧 목적지에 도착한다.

33일 차. 한국에 있을 때 31일 목표로 왔다가 길을 걸으며 34일
로 바꿨는데 엄마는 37일째 산티아고에 도착하겠네.

건강한 사람이 아무 탈 없이 걸으면 31일 정도인 것 같아.

그만큼 이 길에 아무 탈 없이 즉 하루도 쉬지 않고 걷긴 힘든 것
같아.

곡식 저장소

내고 싶은 만큼 돈을 내고 원하는 돌을 가져가면 된다

오늘은 최고 먼 길 29.1km를 걸어 아르수아(Arzua)까지 갔어.

엄마는 51년생 어머니와 둘이 걸으며 새로운 나를 보았어.

혼자였다면 외로움, 고독, 힘겨움 외 다른 감정은 몰랐을 텐데 이 며칠 남겨둔 구간에서 둘이 되면서 나의 단점을 보았지.

마지막에 이르러 '내가 이거밖에 안 되냐?' 라는 생각이 들었어.

역시 '나는 혼자 맘대로 해야 하는 사람이었나?'

그래서 둘이 되고 모든 걸 맘대로 못 하니 짜증이 났나. 여러 생각이 교차했지.

결국, 이 모든 인연이 신의 뜻이든 아니든 순례길의 끝자락에 많은 걸 느꼈어.

혼자일 땐 몰랐다가 둘이 되었을 때 나타나는 감정에 대해 나는 어떻게 대처해야 하는가?

결론은 그냥 '나는 나야'.

얍삽해도 '나'고 더럽게 치사해도 '나'고 무식하고 못생겨도 '나'고 이런 '나'를 온전히 받아들여야 한다는 거지.

이런 나를 거부하고 싶고 싫은데 어쩌겠어! '나'잖아.

나의 멋진 모습이 백 가지라도 못생긴 하나도 '나'잖아.

엄마도 모르겠다.

그것이 맞는 것인 줄 알아도 모르겠다.

단지 노력할 뿐이야. 항상 내가 부족한 사람이라 여기며 깨달으려 노력한다.

그런데 있잖아,

엄마는 무식한 건 용서해도 얍삽한 건 용서 못 해.

너도 그러니?

51년생 어머니의 뒷모습

37. 폼페라다 기도문

딸아. 엄마야~~

오늘은 5월의 마지막 날이고 이 길을 걸은 지, 34일 차구나.

엄마는 일정을 수정해서 내일 35일 차에 산티아고 데 콤포스텔라(Santiago de Compostela)에 도착할 예정이야.

사리아(Sarria)부터는 길이 거의 숲길이고 그늘이라 걷는 게 크게 힘들지 않아.

근데 어제부터 갑자기 날씨가 더워졌어.

"중간이 없다"란 말이 맞을 거야. 하루 만에 30도가 넘어가니.

어제는 이 길을 걸으며 가장 땀을 많이 흘린 날이야.

엄마는 이제 순례길이 끝나지만 이제 시작하는 사람들은 많이 힘들 것 같네.

여기 햇살은 정말 장난이 아니야. 그리고 어제는 새로운 한국 아가씨를 만나 어머님과 셋이서 미역국에 고기, 와인, 맥주를 마시며 기분 좋게 이야기했어. 새벽에 과음을 한 탓인지 너무 더워 밖으로 나갔단다. 근데 밤하늘에 별들이 쏟아질 듯 수없이 반짝이더구나.

그렇게 많은 별은 처음 보는 것 같아.

내일 계획은 새벽 4시경에 출발해 밤하늘 별과 함께 걷다가 일찍 산티아고에 도착할 생각인데 예정대로 될지는 모르겠어.

그리고 이날 낮에는 사리아(Sarria)에서 만난 한국 군인 총각이 폼페라다(Ponferrada)에서 기도문을 봤는데 한국어로 번역된 것이 없어 자기가 번역했다며 번역한 종이를 같이 동행하는 어머님께 드린 거야.

오늘은 그 기도문을 너에게 들려줄게.

(비록 제가 모든 길을 여행하고, 동에서 서로 산과 계곡을 가로지르더라도, 제 자신이 될 자유를 찾지 못한다면,

저는 그 어디에도 도달하지 못할 것입니다.

비록 제가 가진 모든 것을 다른 말과 문화를 가진 이들과 나누더라도, 천 가지 길의 순례자들과 친구가 되고 성인들과 왕자들과 잠자리를 나누더라도, 내일 이웃을 용서하지 못한다면,

저는 그 어디에도 도달하지 못할 것입니다.

비록 제가 처음부터 끝까지 짐을 들고 다니며 격려를 필요로 하는 모든 순례자를 기다리더라도, 저보다 늦게 도착한 이에게 침대를 양보하고 아무런 대가 없이 제 물병을 주더라도 집과 일터로 돌아가 형제애를 나누고 행복과 평화 그리고 일치를 이루지 못한다면

저는 그 어디에도 도달하지 못할 것입니다.

비록 제가 매일 물과 양식을 먹고, 매일 몸 씻기를 즐기거나, 제 부상이 잘 나았더라도, 그 모든 것에서 신의 사랑을 찾지 못한 다면 저는 그 어디에도 도달하지 못할 것입니다.
비록 제가 모든 기념물과 최고의 석양을 보더라도 비록 제가 모 든 언어로 인사말을 배우고 모든 분수의 깨끗한 물을 맛보더라 도, 제가 수많은 자유로운 아름다움과 평화의 제자를 찾지 못한 다면,

저는 그 어디에도 도달하지 못할 것입니다.

오늘부터 제가 배운 대로 당신의 길을 계속 걷고, 찾고, 살지 않 고, 오늘부터 제가 모든 이, 친구, 까미노 길 위의 동반자로 보지 않고, 오늘부터 제가 나사렛의 예수, 신이 제 성의 유일한 신임을 깨닫지 못한다면,
저는 그 어디에도 도달하지 못할 것입니다.)
-개인이 번역한 것으로 정확하지 않을 수 있음.

이 글은 라바날의 한국인 신부님이 '이 길은 가짜 까미노다. 진짜 까미노는 집 현관문을 열면 시작된다'는 말과 같은 의미의 기도 문인 것 같아.

내가 지금 여기서 아무리 나를 찾고 순례자들에게 친절을 베풀어도 현실의 내 세상에서 똑바로 하지 않으면 의미 없겠지. 그래서 진짜 엄마만의 까미노를 찾고 싶어.

딸아 내일은 성 야고보님의 유해 앞에 기도한다.
그 느낌이 어떨까?

산티아고 도착 하루 전 사망한 순례자 기념비

244

38. 산티아고 데 콤포스텔라
(Santiago de Compostela)

딸아. 엄마야~~

오늘은 6월 1일. 35일 차 마지막 날이구나.

새벽 4시 40분에 패드로우소(Pedrouzo)란 마을에서 어둠을 가로질러 걸었지.

북두칠성을 보며 걸었어. 그날 새벽에 보았던 별만큼 많지는 않았지만 한국에선 쉽게 볼 수 없는 광경이지.

오전 10시 30분 산티아고 도착.

제대로 둘러볼 틈도 없이 대성당 뒤편 순례자 사무실로 완주증을 받기 위해 갔지. 역시나 긴 순례자 줄이 있더구나.

줄을 서서 엄마 차례가 되니 시간은 한 시간이 흘렀구나.

그래도 일찍 도착해서 빠른 거지 두 시간 기다릴 때도 많다는구나.

완주증을 손에 들고나오는데,

순례길에서 계속 뵀던 56년생 남자 어르신이 완주증을 넣으라고 1유로를 주고 산 완주증 보관 통을 주셨어.

그것도 우리 일행 세 명 것을 다~~^^. 이걸 전해 주시려고 머리 희끗하신 노인이 밖에서 통을 들고 계속 우리를 기다리셨던거야.

이분 내면의 깊이는 가늠이 되지 않는구나.

완주증을 발급해 주는 사무실

산티아고 순례길 완주증

오늘 산티아고 대성당은 공사를 해서 미사를 하지 않고 성 프란치스코 성당에서 미사를 한다네.

12시 미사 시간에 좀 늦게 들어가니 성당 안이 꽉 찼더구나.

우연히 자리가 생겨 앉았는데 아침에 일찍 출발해서일까 잠을 참지 못하고 꾸벅꾸벅 졸았어.

미사를 마치고 다시 산티아고 대성당 앞에서 도착 인증사진을 열심히 찍었지.

이곳 숙소 체크인이 14시까지라 인증사진 후 열심히 걸어 숙소 도착.

여기까지는 엄마가 고난의 길을 걸으며 상상하던 산티아고 도착 후 모습이 아닌 거야.

엄마는 줄곧 길을 걸으며, 대성당 앞에서 아는 순례자들과 얼싸안고 격한 감정 속에서 울 것이라 상상했건만 현실은 허둥지둥 순례자 사무실로 가서 긴 시간을 기다려 완주증 받고 인증사진 찍는 것으로 마무리되었네.

숙소에 도착해서는 다시 대성당 앞에서 인증사진 남기고 산티아고 대성당 안으로 들어갔는데 공사 중이더구나. 그래도 성당 지하에 있는 야고보 성인의 유해가 들어있는 관은 볼 수 있었지.

그 앞에 무릎 꿇고 기도했단다.

막상 산티아고 목적지에 도착해서는 특별한 게 없었어.

그냥 이 목적지까지 오는 그 과정에서 더 많이 느끼고 깨달은 것 같단다.

이 길에서는 큰 목적과 기대를 하고 시작하는 사람도 있겠지만 내가 바라는 그 어떤 것, 성과, 큰 깨달음 같은 건 느끼지 못할 거야.

하지만 35일간 나는 매 순간 깨어 있었고 하루하루가 의미 있었어.

여행은 어떤 경험이든 기억에 남고 힐링이 되는데 이 길은 그 어떤 여행보다 나 자신을 구체적으로 바라보며 날것인 나를 알게 되는 길인 것 같아.

그래서 이곳 사람들이 흔히 이야기하는 "산티아고에 안 와본 사람은 있어도 한번 온 사람은 없다"라는 말이 진정 이해되네.

딸아. 이 길에서 너무 기대하거나 무엇을 얻으려 하면 오히려 허탈감이 클 것 같아. 그냥 그 시간 그때 나의 물리적 공간에서 벗어나 새로운 환경에 나를 노출해보는 게 중요한 것 같아.

이 길의 끝엔 아무것도 없다. 그래서 더 좋다.

나의 고뇌와 숙제는 끝나지 않았으니 또 떠날 수 있어서.

그리고, 야고보 성인의 가슴에서 터진 샘물이 제주도에 있던 엄마에게까지 흘러와 메마른 목마름에 이 산티아고 길을 걸었듯 너도 어느 날 문득 그 목마름을 느끼며 너도 모르게 떠날 거라 생각한다.

그곳이 어디든.

딸아 이제 너에게 쓰는 편지를 마칠게. 엄마는 목적지에 도착했
고 산티아고 순례길은 끝이 났다.
딸아. 네가 어디서 무엇을 하든 엄마는 네 편이다.

널 응원한다.

멋진 너의 인생을 위하여. 건배!

39. 땅끝을 향해

딸아. 다시 엄마야~~

길을 걸으니까 또 너에게 이야기하고 싶어지네.

오늘은 6월 3일.

엄마는 오늘부터 땅끝을 향해 걷는다.

엄마가 산티아고 데 콤포스텔라(Santiago de Compostela)에 이틀 있었잖아.

첫날 토요일은 산티아고 축제라서 광장에 사람들이 가득하고 밤새도록 술을 마시고 떠드는 소리에 잠을 설쳤어.

둘째 날 오전 다시 야고보 님의 유해를 뵙고 은반지를 하나 샀어.

산티아고 대성당 야고보 유해를 보러 가는 길목에 있던 작은 가게에서 20유로에 샀는데 너무 마음에 들어.

그리고, 우리 일행들은(51년생 어머님, 56년생 어르신, 수사님, 한국 처녀) 에어비앤비로 예약한 아파트 비슷한 숙소로 갔지.

81유로에 다섯 명이 잤으니 엄마가 어제 묵은 숙소보다 저렴했어.

숙소는 방 3개, 거실에 침대까지. 욕조도 있으니 정말 좋았어.

우리는 짐을 풀고 장을 보러 갔지. 근데 일요일에 축제까지 겹쳐 문을 연 상점이 없네.

좀 많이 걸어 24시간 상점과 중국 상점을 갔어.
점심, 저녁, 아침을 먹을 거지만 아파트 한 채를 빌렸다는 기쁨인
지 우린 꽤 많은 금액의 음식들을 샀고 택시를 타고 숙소로 와 만
찬을 즐겼지.

전날 잠을 설쳐서인지 잠자리가 좋아서인지 눈을 감고 뜨니 아침이네.

아침에 다 같이 맛있게 아침을 먹고 일행들과 헤어짐의 시간을 가졌어.

다섯 명 중 51년생 어머니, 한국 아가씨, 수사님은 버스를 타고 땅끝 투어를 가고 엄마는 56년생 남자 어르신과 걸어가기로..

엄마는 땅끝을 향한 발걸음을 옮겼지.

근데 아침부터 비가 오네. 부슬비야.

신이 허락해주셔서 산티아고까지 두 발로 걸어 도착했고

다시 걷는 이 길에 또 비로 축복을 내려주시네.

257

늦게 출발했지만 덥지 않고 비가 오니 앉을 수 없어 예상보다 빨리 숙소에 도착했지. 딸아. 산티아고에서의 소란 뒤 다시 찾은 이 길은 더 행복하구나.

엄마처럼 다른 외국인들도 다시 땅끝을 향해 까미노를 시작하는 거야.

엄마는 다시 "올라 부엔 까미노"라고 인사했지.

사리아(Sarria)에서 부터는 삭막해져서 순례자끼리 서로 잘 안 하던 말인데.

목적지를 끝내고 다시 만난 사람들의 "부엔 까미노"란 인사엔 '너도 목적지까지 걷고 땅끝으로 가는구나. 좋은 길이 되렴. 힘내' 하는 이야기가 내재 된 것 같아.

이 길을 비 맞고 걸으면서도 마냥 감사했어.

엄마는 왜 더 걷고 싶었을까?

왜 신은 엄마를 더 걷게 했을까?

답은 몰라도 이 선택이 최고의 선택이라 느껴지는 지금.

'나를 비롯해 가족을 사랑한다.

보고 싶다.'

땅끝을 향해 다시 거리 표지석이 있다

56년생 어르신

40. 무지개를 보다.

딸아. 엄마야~~

순례길을 끝내고 나서 더 힘들게 걷고 있구나.

오늘 순례길에서도 걷지 않았던 가장 긴 길인 33km를 걸었어.

그뿐만이 아니고 어제 알베르게에서 만난 한국부인과 함께 이야
기하다가 길을 잃은 거야.

그래서 한 4km를 더 걸은 것 같아.

비는 오다 말았다. 변덕을 부려 우의를 입었다 벗었다. 그냥 걸어
도 힘든 길이건만.

땅끝을 가기 위한 여정이 쉽지는 않구나.

다른 순례자들은 다 관광 분위기로 돌아가는데

엄마는 왜 배낭을 둘러메고 힘겨운 싸움을 하고 있는지.

고집이니?

오늘 숙소 또한 공립인데 시설은 좋지 않아.

처음으로 최악의 컨디션이야.

몸은 춥고. 발은 욱신거리고. 한국 어르신이 발도 마사지해 주시고 타이레놀도 주셨지. 신이 또 천사를 보내주셨나 봐.

하지만 이 선택이 잘한 건지 못한 건진 모르겠지만 한번 발을 내디뎠으니 가야지. 그 정도 고집은 있어야겠지?

피스테라와 무시아 갈림길

(어제는 여기까지 쓰고 잠들었지)

오늘 6. 5일 수요일.

아침 한국 남자 어르신이 버스를 타고 15km를 가자는 제안을 하셨지. 한국 여자분도 알았다고 했는데 엄마는 아무 대답을 하지 않았지. 어제의 고생을 생각하면 엄마보다 나이가 많으시니 당연한 제안이겠지?

그러나 엄마는 내일 어차피 비가 많이 오니까 오늘은 20km 정도 걸어가서 쉬고 다음날 조금만 걷겠다고 했어.

이것 또한 고집일 수 있지만, 지금까지 실컷 고생하고 오점을 남기고 싶지 않았어.

그래서 우리 세 사람은 또 걸었단다.

어제 무리한 탓인지 걸어보니 표시가 나는구나.

마지막 5km 정도는 샌들을 신고 걸었어.

발가락이 너무 아파서.

원래 오늘 34km를 걸어 땅끝 피스테라(Fisterra)에 갈 예정이었지만 중간 마을에서 쉬기로 한 것은 최고의 선택이었던 것 같아.

이제 이틀이면 엄마는 더 걷지 않을 테지만

이길 또한 쉽지는 않구나.

신의 시험과 선물이 끝날 때까지 끝난 게 아닌 거야.

이제 슬슬 집으로 가고 싶네.

41. 비와 함께 (피스테라)

딸아. 엄마야~~

오늘 한국은 6월 6일 현충일이네.

5일날 숙박한 작은 마을의 도네이션에서는 관리하시는 분이 친절하셔서 저녁 늦게 잤단다.

사실 그 도네이션 관리인분이 영어가 아닌 스페인어로 이야기를 해서 영어권인 대다수 외국인들도 말을 알아 듣지 못하면서 늦은 시간까지 있어서 피곤해 하긴 했어. 그래도 그분이 정말 감사한 게 마지막에는 눈을 감으라 하시고 각 순례자의 손에 까미노 길이 새겨진 돌을 주시네. 그 마음을 느낄 수 있었지.

어제 묵은 도네이션 마당에서 문이 열리기를 기다린다

FISTERRA

Está vd. aqui

● FISTERRA

DIPUTACION

NERIA

아침 스페인의 일기 예보는 정확하다더니 어김없이 비가 오고 정오에 비바람이 쏟아진다는 예보에 역시 그러하여 사진을 한 장도 찍지 못했어. 오늘 이 길에서는 순례길에서도 맞아보지 못한 가장 많은 비를 맞았어.

만반의 준비를 한다고 양말 위에 비닐까지 씌웠건만 산길의 물웅덩이를 지나다 보니 신발 속에서 빨래를 하고 있더구나.

땅끝을 향해 걷기 시작한 후 연일 비가 내려 빨래를 잘 말리지 못해 순례길 걸을 때보다 더 냄새가 나는 것 같아.

그렇게 미친 듯이 걸어 도착한 시간이 오전 10시 30분쯤. 엄마는 몸이 너무 추웠어.

덜덜 떨며 다니는데 이건 아니다 싶을 정도로. 생각해보니 잘 마르지 않는 면 소재 긴 팔 남방 때문인 것 같아.

오픈 시간인 1시에 정확히 문을 연 공립 알베르게. 시설이 너무 좋아

다행히 샤워 물이 굉장히 따듯해서 추위에 고생한 몸을 녹일 수 있었어.

딸아. 이곳은 사람들이 땅끝이라고 말하는 피스테라(Fisterra)야.
비가 잦아들어 숙소 밖으로 나와 3km 정도 떨어진 등대로 갔지.
땅끝이란 의미에서 0km라고 적힌 표지석에서 인증사진도 찍고
멋진 인생샷을 남기려 했건만 바람이 너무 세게 불어서 제대로
된 사진을 못 건졌네.
정말 날아가 버릴 것 같았어. 하지만 스페인 촌길을 걸으며 언제
이런 비를 맞아볼까 하는 생각이 들었어. 한국에서는 이렇게 비
오는 날 밖에 안 나가면 그만이잖아.
오늘 비바람 맞고 걸은 이 길은 너무 힘들어서 오래 기억에 남을
것 같네

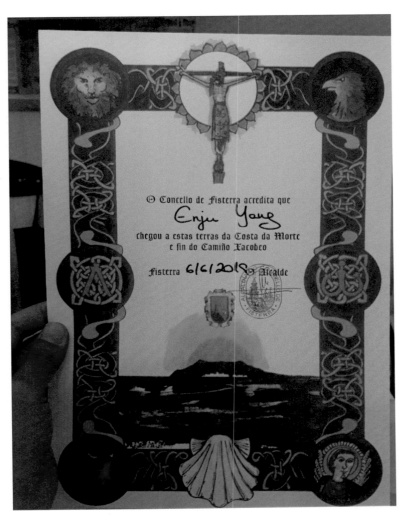

피스테라에서도 완주증을 받을 수 있다

42. 걷고 걷기를 끝내다 (무시아)

딸아. 엄마야~~

엄마는 이곳 산티아고에 와서 6.7일 40일째(나중에 알았는데, 40이라는 숫자는 성경에서 중요한 의미가 있다는구나. 신은 항상 엄마와 함께 걷고 계셨던 것 같다) 엄마의 최종목적지 무시아 (Musia)에 도착했단다. 레온(Leon)에서의 하루, 라바날 (Rabanal)에서 이틀 휴식을 제외하고는 오롯이 걷기만 한 날은 37일이구나.

37일간 900km 이상을 걸어 드디어 무시아(Musia)에 왔어.

오늘 아침 이곳을 떠나기 전 피스테라(Fisterra) 알베르게 상황을 보니 대다수 사람이 이곳을 끝으로 순례길을 마감하는 것 같더구나.

그래서 전날 그렇게 늦도록 만찬을 즐겼나 보더구나.

엄마가 걸어보니 산티아고 순례길을 끝내고 피스테라(Fisterra)까지 걷는 사람도 드물고 무시아(Musia)까지 가는 사람은 더 적은 것 같아.

근데 걸어보니 피스테라(Fisterra)에서 무시아(Musia)로 가는
사람보다 반대로 오는 외국인이 많더구나.
피스테라(Fisterra)의 의미가 '땅끝'이라서 그런 것 같기도 하
네. 오늘도 29킬로를 걸었으니 적은 거리는 아니지?

근데 오늘 무시아(Musia)로 오는 길에 아주 재밌는 경험을 했어.
숲 오솔길을 걷는데 일행 중 한국 여자분이 스틱을 짚고 앞장서
가시고 난 뒤 갑자기 파리떼 같은 검은 벌레가 윙윙거리며 덤비
길래 엄마는 뭔지도 모르고 팔을 휘둘렀는데 손바닥이 따끔한 거
야.
그리고 반대 방향에서 걸어 들어오던 외국인 여자도 주춤해 서
있다가 비명을 지르고.
그 길을 벗어나 보니 그 한국 여자분은 다리에 쏘이고 난 손바닥
에, 그 외국인 여자는 눈 밑에 쏘였어.
그 파리떼는 땅벌로. 추측건대 스틱 소리에 땅속에 있는 자신들
의 집이 공격받는 줄 알고 방어적으로 행동한 것 같아. 어찌나 놀
랐던지.
그래도 제일 앞서가던 한국 남자 어르신은 스틱이 없어서인지 아
무 탈 없이 지나가셨어.

벌집을 없애겠다며 가는 한국 어르신, 땅벌이라 안보여 포기

걷기 마지막 날 별 경험을 다 한다 싶었지.

그래도 무시아(Musia)로 가는 길과 그 곳은 피스테라(Fisterra) 보다 아름다워.

힘든 길 마지막쯤 보이는 바다 풍경은 그리움에 찌든 아름다운 추억만 남긴단다.

엄마가 제주도 바닷냄새를 맡다 와서인지 바다를 보면 행복해져. 고향의 느낌도 나고.

무시아(Musia) 알베르게는 세련된 현대식 건물 느낌이나. 하지 만, 순례자들은 몇 명 없지.

여기서도 완주증을 준단다. (피스테라에서도 완주증을 준다)

무료로 주니 얼마나 감사한지.

무시아 알베르게

저녁 해 질 무렵에는 1층에서 일행들과 와인을 마시고 있는데 한 외국인 여자가 와서 우리에게 위층에 일몰이 너무 아름답다고 함께 보자는 거야.

3층 테라스로 가니 외국인들이 다 앉아서 지는 해를 보고 있네.

엄마는 그렇게 6월 7일 지는 해를 보며 걷기를 끝냈어.

더 이상 내일부터 걷지 않아도 된다는 생각이 긴장감을 사라지게도 해주지만, 목표, 성취감, 목적 또한 사라지게 하지

이 글을 쓰고 있는 지금도 엄마는 아무 정리도 하지 못했어.

정리했다면 엄마의 신발 한 켤레와 순례길 동안 엄마의 피부를 지켜주었던 꽃무늬 모자를 혹시나 필요한 순례자가 있을까 싶어 알베르게에 두고 온 정도.

무시아 알베르게 옥상에서 본 석양

순례길을 함께 온 모자를 남겨 두고 왔다

엄마는 배낭 무게에 온전한 책임감을 느끼며 두 발로 또렷이 이 길 하나하나를 밟으며 걸었어.

이 모든 것은 신이 허락했기에 가능한 일이었다.

분명 신은 자만하는 자에겐 이 길을 온전히 다 허락하지 않으신다.

이 길에서 주신 수많은 천사와 곳곳에 숨겨두신 선물, 마지막까지 신의 인도하심에 감사하고 또 감사할 뿐이야.

하루하루가 기적 같았어.

감사합니다. 신이시여.

이제 정말 걷기는 끝이야.

걷지 않으니 너에게 할 말이 없네.

딸아. Buen Camino!

292

MUXÍA, FIN DA RUTA XACOBEA

Aqueles peregrinos que elixan o Santuario da Barca como final do seu longo camiñar recibirán o preciado don do perdón, premio á constancia e á fe. E para que así conste, outórgase esta credencial a ....
.... EUN JU YANG ....

En Muxía, 07 - 06 - 19 ......, o alcalde

In Mari Gallaico Arotrebarum apparuit B.V. Maria B. Jacobo in cymba lapidea
(Cronicón de Walfrido, Séc. XII)

"No mar Galaico dos arrotrebas apareceu a Virxe María ó beato Xacobo NA BARCA DE PEDRA"

무시아 알베르게에서 받은 완주증

293

마무리 글

지금 나는..

2018년 나는 첫째 아들(초5), 둘째 아들(초2), 셋째 딸(7세)을 데리고 혼자 제주도 일년 살이를 떠났었다. 그때 마음속에 '책을 내고 싶다'는 소망을 가지고, 블로그를 시작했다. 일 년의 제주도 생활은 이 년이 되었고, 2019년 산티아고 순례길 그 전쟁터 같은 고난의 길에서도 매일 고집스럽게 블로그에 글을 썼다.

2020년 나는 휴직을 끝내고, 다시 일상이라는 좁은 골목길에서 책에 대한 막연한 그리움만 안은 체 답답하게 3년 가까운 시간이 흐를 동안 책을 내지 못했다.
그러다가 2022년 큰 아들이 엄마의 간절한 소망을 알고 알려준 길을 통해 늦었지만 나의 글이 책이라는 큰길로 들어선 것 같다.

나는 개신교 신자였다.(어머니는 교회 '권사'다) 복직 후 이사한 아파트 옆에 우연히도 성당이 있었다. 순례길의 영향인지 모르겠으나 어떤 이끌림으로 나는 2021년 6월 천주교에서 다시 세례를 받았다.
나의 세례명은 '야고바'다. 산티아고 순례길의 주인인 예수님의 제가 야고보의 여자 세례명이다. 그리고 나의 대모님은 산티아고 순례길에서 인연이 된 51년생 어머니이다.

2021년 내가 세례받던 날 순례길에서 만났던 56년생 아버님, 51년생 어머님, 그리고 수사님이 먼 곳에서 오셔서 축하해 주셨다. (56년생 아버님과 51년생 어머님은 천주교의 독실한 신자로 천주교 신자들이 돌아가시면 시신을 닦는 봉사를 하신다)

그리고, 순례길에서 내가 3일간 머물렀던 라바날의 한국인 신부님은 코로나를 뚫고 귀국하셔서 경북 칠곡에 있는 왜관수도원으로 오셨다. 2021년 남편과 함께 찾아뵈었고, 지금 우리 아이 셋 이름으로 그 수도원에 소액이지만 매월 기부를 하고 있다.

세상 속에서 살다 보면 엄청난 경험과 좋은 추억들도 꿈 같은 과거가 되어 마음 한 켠으로 비켜나 있게 된다. 그러나 한쪽으로 비켜나 있을 뿐 절대 사라지진 않는다. 그 비켜 있던 마음이 좌절의 순간 작용을 한다. 그냥 죽지 않고 버티고 살게 해준다. 꾸역꾸역 버티고 사는 게 삶의 진정한 승자다. 그렇게 버티고 버티고 살다 보면 삶이 왜 신이 주신 선물인지 알게 해 주는 기적 같은 순간들이 찾아온다.

그래서 오늘도 나는 책을 출판했다는 기적 같은 일에 감사하며 일상이라는 좁은 골목길 한가운데 버티고 서 있다.

2022년 6. 25
또 다른 전쟁터에서

순례자 십계명

1. 혼자 가라

(부부든지 친구든지 이 길에서는 원수가 되고 인간의 밑바닥이 보인다. 싸우고 다투는 길이다. 같이 온 사람들도 결국 헤어져 걷다가 목표 지점에서 다시 만나는 경우가 허다하다. 이 길에서 사람은 축복이기도 하지만 짐이 되기도 한다. 남에게 짐이 되지 말자. 그래서 속편하게 자신의 내면과 끊임없이 대화하다가 길에서 우연히 동지들을 만나는 게 더 행복하다. 이 길은 전쟁터 같다. 살기 위해 낙오자는 버려야 하며 자기 자신과 싸움에서 이긴 전우들을 만난다. 전우애를 느껴보자!)

2. 여행 상품으로 가지 마라

(패키지 여행 상품으로 와서 정해진 숙소와 거리에 힘들어하는 한국 순례자를 많이 보았다. 왜냐하면 사람마다 하루하루 몸의 상태에 따라 걸을 수 있는 길이 다르기 때문이다. 이 길에 발을 디디는 순간 알게 된다. 산티아고 순례길에 있는 모든 사람들이 순례자들을 위해 준비되어 있다는 것을. 이 길 만큼은 나를 도와주는 천사들이 곳곳에 있는 안전한 길이다.)

3. 짐은 안 죽을 만큼만 가져가라

(양말, 팬티도 입고 벗고 두 장이면 된다. 모든 물건을 최소한만 챙겨야 한다. 나에게 정말 소중하다고 생각해서 챙겼던 물건들도 결국 이 길에선 배낭 무게에 짓눌러 버리게 된다. 아무것도 없이 걷기만 해도 힘든 길이다. 버리고 버리게 되는 길이다. 사고 안 날 만큼만 챙기자!)

4. 자신만 바라 봐라(서두르지마라)

(고독하고 외로운 길에서 만난 한국 사람은 너무 반갑다. 그러나, 남이 아닌 자신을 보아야 한다. 남을 놓치지 않으려 남의 발걸음을 따라가다 보면 결국 부상을 당하거나 며칠 쉬어야 될 수 있다. 내 영혼의 발걸음을 따라야 한다.)

5. 날 것을 알고 싶다면 같이 가라

(진정한 친구를 알고 싶은가? 결혼을 앞두고 상대방이 어떤 인간인지 알고 싶은가? 그럼 이 길을 같이 걸어라. 사람의 본성 밑바닥까지 볼 수 있는 이 길에서 그 사람을 제대로 알 수 있다.)

6. 길에서 만난 인연에 연연하지 마라

(이 길은 헤어짐과 또 다른 만남의 반복이다. 그래서 인연의 축복이 가득한 길이다. 내 발걸음이 가는 대로 내 영혼이 인도하는 대로 하면 무수한 좋은 인연을 만난다. 몇몇 사람의 인연에 연연하

지 말고 무쏘의 뿔처럼 혼자서 가라!)

7. 기간을 넉넉히 잡고 가라

(이 길에서는 자기가 생각지도 못한 일들이 일어난다. 아무리 건강한 사람도 몸에 무리가 온다. 발에 물집이 심하게 잡혀 밤에 의사가 알베르게에 오는 것도 보았고, 목발을 짚어야 하는 사람도 보았고, 병원에 가는 사람, 발이 아파 며칠 걷지 못하고 쉬는 사람, 중간에 버스나 택시를 타고 점프하는 사람도 너무 많이 보았다. 그리고 나처럼 예기치 못하게 어느 마을에서 며칠씩 머무를 수도 있다. 이렇게 할 수 있는 건 기간을 넉넉히 잡았기 때문이다. 빠듯하지 않게 넉넉히 기간을 잡는다면 서두르지 않아도 된다. 이 길에서는 무슨 일이 일어날지 전혀 예측할 수 없다.)

8. 가끔은 길을 잃어도 괜찮다.

(순례길은 여러 갈래의 길이 있다. 가끔은 지도를 벗어 놔도 더 좋은 순례자들과 천사들을 만난다. 그 순간을 즐겨라!)

9. 자만하지 마라

(이 길은 신과 함께 하지 않으면 목적지까지 오롯이 자신의 두 발로 배낭을 메고 완주하기는 쉽지 않은 길이다. 이 길에 들어선 모든 사람이 이미 신의 부름을 받았을 테지만, 길 위에서 매 순간 감사한 마음을 가져라.)

<u>10. 미리 숙소를 예약하지 마라</u>

(반복해 말하지만 이 길에선 어떤 변수가 있을지 모른다. 조급해하지 말고 서두르지 마라. 욕심을 버리고 걸을 수 있는 만큼만 걷고 남아 있는 숙소에서 자면 된다. 저렴한 도네이션 또는 공립알베르게에 숙박하기 위해 서두르는 순례자나 미리 사립 알베르게를 예약하는 사람들을 많이 보았다. 그러나 서두르지 않아도 신은 항상 나를 위해 자리를 마련해 놓으신다. 믿어라 진짜다.)

딸에게 보내는 산티아고 순례길 편지

발행일 | 2022년 8월 16일

지은이 | 양은주
펴낸이 | 마형민
기　획 | 윤재연
편　집 | 임수안, 이보경
표　지 | 신건희
펴낸곳 | (주)페스트북
주　소 | 경기도 안양시 안양판교로 20
홈페이지 | www.festbook.co.kr

ISBN 979-11-6929-049-4 03920
값 25,500원

* (주)페스트북은 '작가중심주의'를 고수합니다. 누구나 인생의 새로운 챕터를 쓰도록 돕습니다. Creative@festbook.co.kr로 자신만의 목소리를 보내주세요.